Thomas Br

Wie interpretiere ich Novellen und Romane?
Anleitung

Bange Verlag

Über den Autor:

Thomas Brand, geboren 1959, verheiratet, zwei Kinder, Studium der germanistik und ev. Theologie in Göttingen und Berlin, nach Durchführung eines theologischen Forschungsprojektes seit 1992 Lehrer für Deutsch und ev. Religion an Gymnasien, zunächst in Dresden, dann in Fürstenwalde (Spree), Autor von Lernhilfen verschiedener Verlage und Königs Erläuterungen und Lernhilfen des Bange Verlags.

Das Werk und seine Teile sind urheberrechtlich geschützt. Jede Verwertung in anderen als den gesetzlich zugelassenen Fällen bedarf der vorherigen schriftlichen Einwilligung des Verlages.
Hinweise zu § 52 a UrhG: Weder das Werk noch seine Teile dürfen ohne eine solche Einwilligung eingescannt oder gespeichert und in ein Netzwerk eingestellt werden. Dies gilt auch für Intranets von Schulen und sonstigen Bildungseinrichtungen.

1. Auflage 2003
ISBN 3-8044-1471-0
© 2003 by C. Bange Verlag, 96142 Hollfeld
Gestaltung: Georg Lehmacher, Friedberg (Bay.)
Alle Rechte vorbehalten!
Satz: DTP-Studio Koch Oberweißbach
Druck und Weiterverarbeitung:
FINIDR, s. r. o., Vimperk

Thomas Brand

Wie interpretiere ich Novellen und Romane?
Anleitung

Bange Verlag

Inhaltsverzeichnis

Hinweise zur Benutzung des Buches 7

Stichwortverzeichnis 9

1. Die Novelle 12
   1.1 Was ist eine Novelle? 12
   1.2 Novellentexte 14
       a) Heinrich von Kleist: *Das Bettelweib von Locarno* 14
       b) Heinrich Böll: *Die Waage der Baleks* 16

2. Interpretationsschritte 22
   2.1 Textzusammenfassung und Inhaltsangabe schreiben 22
   2.2 Gliederung und Aufbau erfassen 24
   2.3 Den erzählerischen Kern bestimmen und das
       „Dingsymbol" herausstellen 26
   2.4 Strukturierende Mittel untersuchen 27
       a) Perspektive 27
       b) Raum 29
       c) Zeit 31
   2.5 Sprache und Stil 32
   2.6 Charakterisieren 36
       2.6.1 Die (Haupt-)Figuren charakterisieren 36
       2.6.2 Personenkonstellation 39

**3. Die Interpretation einer umfangreichen Novelle
(M. Walser: *Ein fliehendes Pferd*)** 41
   a) Die Einleitung 43
   b) Handlungshöhepunkte 49
   c) Der Schluss 58

4. Der Roman 64
   4.1 Zur Gattung 64
   4.2 Darstellungsmittel des Romans 65
       4.2.1 Verschiedene Wirklichkeitsebenen 65
       4.2.2 Erzählsituation und Erzählperspektive,
            Multiperspektivität 69
       4.2.3 Zeitgestaltung 71

INHALTSVERZEICHNIS

5. Analyse von Romanausschnitten unter inhaltlichen und epochenspezifischen Gesichtspunkten 79

    5.1 Darstellungsformen des Subjektivismus im Roman des Sturm und Drang (Goethe: *Die Leiden des jungen Werther*) 79

    5.2 Andeutungen, Raumgestaltung, Aufbau Darstellungsmittel der Gesellschaftskritik im sozialen Roman (Fontane: *Effi Briest*) 90

    5.3 Montagetechnik und Auflösung des chronologischen Erzählens im modernen Roman (Döblin: *Berlin Alexanderplatz*) 105

6. Lösungen 116

7. Grundbegriffe der Epik 142

8. Literaturverzeichnis 158

BENUTZERHINWEISE

Hinweise zur Benutzung des Buches

Erzählende Prosa, vor allem Romane, gehören heute außerhalb wie innerhalb der Schule zu den am meisten gelesenen Texten. Auch die Novelle, zwischenzeitlich als Form beinahe in Vergessenheit geraten, erfreut sich bei zeitgenössischen Schriftstellern wieder wachsender Beliebtheit. Entsprechend häufig sind diese beiden literarischen Gattungen auch Gegenstand des Deutsch- und Literaturunterrichts. Und auch in der Abiturprüfung ist die Analyse und Interpretation eines erzählenden Textes oftmals Thema, wofür das „Handwerkszeug" vorausgesetzt wird. Grund genug also, sich mit der Interpretation erzählender Prosa im Allgemeinen und in Bezug auf die Gattung im Besonderen zu beschäftigen, sich das „Handwerkszeug" und seine sichere Anwendung anzueignen.

Dieser Band richtet sich an
– alle Schülerinnen und Schüler, die vor einer Klassenarbeit, Klausur oder Prüfung stehen, in der ein erzählender Text analysiert und interpretiert werden soll,
– diejenigen, die sich allgemein mit dem Interpretieren erzählender Texte schwer tun und wichtige Einzelheiten möglicherweise vergessen haben,
– Lehrerinnen und Lehrer, die mit ihre Schülern systematisch die Prosa-Interpretation vorbereiten und erarbeiten wollen.

Es handelt sich in erster Linie um ein übungspraktisches Buch. Für grundlegende Sachinformationen sei verwiesen auf Bernd Matzkowski, *Wie interpretiere ich Novellen und Romane? Basiswissen.* Wer sich einen Überblick über Romane und Novellen verschiedener Epochen und Vorschläge für eine Interpretation verschaffen möchte, greife zu Thomas Möbius, *Wie interpretiere ich Novellen und Romane? Übungen mit Lösungen.* Beide Bände sind in der Reihe Lernhilfen Deutsch des Bange-Verlages erschienen.

Dieses Anleitungsbuch geht im Unterschied zu den anderen beiden Bänden Schritt für Schritt vor. Dabei werden zunächst die wichtigsten Bausteine für die (textimmanente) Interpretation erzählender Prosa vorgestellt. Die inhaltlichen und formalen Mittel des Erzählens können Sie an zwei Novellen teils geleitet, teils selbstständig erarbeiten und an Auszügen aus einer längeren Novelle anwenden. Diese Anwendung wird vertieft an Beispielen aus drei ausgewählten Romanen verschiedener Epochen.

Als Sonderform berücksichtigt wurde die literarische Erörterung, hier in Form des „Schreibens über eine Rezension" (S. 100 ff.).

Für ein kontinuierliches Üben ist es sinnvoll, sich zur Arbeit mit diesem Band einen Hefter oder ein Heft anzulegen. Wenn Sie die Übungen dann noch dem Band entsprechend nummerieren, wird es kein Problem sein, sich auch später noch in seinen Aufzeichnungen zurechtzufinden.

BENUTZERHINWEISE

Nun hoffe ich, dass das Arbeiten mit diesem Band ebenso viel Spaß macht wie neue Einsichten bringt und alte festigt. Geht man wirklich Schritt für Schritt vor, wird sich der Lernerfolg bestimmt einstellen, und Sie werden die Textinterpretation sicher beherrschen!

Stichwortverzeichnis

Aphorismus · 143
Archaisierung · 143
Assonanz · 143
Asyndeton · 143
Attribut. 143
Aufzählung · 143
Auktorialer Erzähler · 143
Ausruf · 143
Außensicht · 143

Bericht · 143
Berlin Alexanderplatz · 105–115
Bewusstseinsstrom · 110, 143
Bild · 144
Bildebene · 144
Bildungs– und Entwicklungsroman · 109
Binnenerzählung · 144
Böll, Heinrich · 16
Briefroman · 144
Buddenbrooks · 71–77

Charakterisieren · 36,
Chiasmus · 144

Darstellungsformen · 54
Das Bettelweib von Locarno · 14–16
Dialekt · 111
Dialog · 144
Dialogdarstellung · 97, 99 f.
Dialogentwicklung · 94
Die Leiden des jungen Werther · 79–90
Die neuen Leiden des jungen W. · 67–69
Die Waage der Baleks · 16–21
Diminutiv · 144
Dingsymbol · 26, 53, 144
Direkte und indirekte
Charakterisierung · 37 f.
Döblin, Alexander · 105

Effi Briest · 91–104
Ein fliehendes Pferd · 41–63
Einleitender Satz · 23
Einleitung · 43
Ellipse · 145
Epik · 145
Epische Breite · 145
Erlebte Rede · 54, 145
Erzähler · 146
Erzählgegenwart · 146
Erzählperspektive, Erzählsituation · 28, 146
Erzählschritte · 146
Erzählte Zeit · 78, 146
Erzählzeit · 71, 146
Euphemismus · 146
Exposition · 146

Fabel · 147
Farbsymbol · 147
Figurenrede · 54, 57
Fontane, Theodor · 91

Gattung · 147
Gesprächsanalyse · 85, 98
Gesprächsdiagramm · 97 f.
Gleichnis · 147
Gliederung und Aufbau · 24
Goethe, Johann Wolfgang von · 80
Großform · 147
Groteske · 147

Handlung · 148
Handlungshöhepunkt · 49 f.
Held · 148
Hendiadyoin · 148
Historischer Hintergrund · 68
Hochwertwörter
 (auch religiöse Sprache) · 148
Humor · 148
Hyperbel · 148
Hypotaxe · 148

STICHWORTVERZEICHNIS

Ich-Erzähler · 148
Ideologiesprache · 148
Inhaltsfrage und Themenfrage · 25
Innensicht · 149
Innerer Monolog · 54, 100, 148
Inversion · 149
Ironie · 149

Jargon · 111, 149

Kleinformen · 149
Kleist, Heinrich von · 14
Klimax · 149
Komik · 149
Kommunikationsstruktur · 62
Komposition · 54, 62
Kurzgeschichte · 149

Lautmalerei · 149
Leitmotiv · 150
Literarische Erörterung · 100
Litotes · 150

Mann, Thomas · 73
Märchen · 150
Metapher · 150
Metonymie · 150
Monolog · 150
Montage · 111, 150
Motiv · 151
Multiperspektivität · 69

Neologismus · 151
Nominalstil · 151
Novelle · 12 f., 151
Novellentheorie · 151

Oxymoron · 153

Parabel · 153
Paradoxon · 153
Parallelismus · 153
Parataxe · 153

Parenthese · 153
Parodie · 153
pars pro toto · 153
Periphrase · 154
Personaler Erzähler · 154
Personenkonstellation · 39
Personifizierung · 154
Plenzdorf, Ulrich · 67
Pleonasmus · 154
Poesie · 154
Poetischer Realismus · 103 f.
Pointe · 154
Polysyndeton · 154
Prolog · 154
Prosa · 154

Raumstruktur · 29
Rezension · 100
Rhetorische Frage · 154
Roman · 64 f., 155
Romantypen · 65
Rückblende · 32, 155

Sachebene · 155
Sansibar oder der letzte Grund · 70
Satire · 155
Satzbau · 33
Sinnbild · 155
Situativer Kontext · 87
Sprachanalyse · 57 f.
Stil · 32, 155
Sturm und Drang · 80 f.
Superlativ · 155
Symbol · 155
Symbolhafte Verweise · 62
Synästhesie · 155
Synekdoche · 156

Tautologie · 156
tertium comparationis · 156
Textzusammenfassung · 22
Titel · 53
Trias · 156

STICHWORTVERZEICHNIS

Umgangssprachliche Wendungen · 156
Unerhörte Begebenheit · 26

Verbalstil · 156
Vergleich · 156
Vorausdeutung · 32, 91 f., 156

Walser, Martin · 41
Wiederholung · 156

Wirklichkeitsebenen · 66
Wortwahl · 33

Zeitdeckung · 31, 71, 74, 77 ff. ,156
Zeitdehnung · 31, 71, 74, 77 ff., 157
Zeitraffung · 31, 71, 74, 77 ff., 157
Zeitroman · 90
Zeitstruktur · 31, 71, 74, 77 ff., 157
Zeugma · 157
Zitat · 157

1. Die Novelle

1.1 Was ist eine Novelle?

Heinrich von Kleists Text *Das Bettelweib von Locarno* umfasst knappe zwei Seiten; drei Personen und ein Tier stellen das Personal einer übersichtlichen Handlung. Martin Walsers Buch *Das fliehende Pferd* hat knapp hundert Seiten Text; neben der Hauptfigur agieren zahlreiche andere, die Handlung weist einen gewissen Grad an Verzweigtheit auf.
Auf den ersten Blick sind beide Texte von ganz verschiedener Art und Weise, doch bei beiden handelt es sich um eine **Novelle**.
Damit wird eine erste Schwierigkeit bei der Arbeit mit Novellen deutlich: Nach äußeren Kriterien lässt sich diese Textart nicht bestimmen. Doch bezeichnen – obwohl die Novelle allmählich von der Erzählung abgelöst wurde – immer wieder Schriftstellerinnen und Schriftsteller ihre Texte als Novelle. Daher ist die Beschäftigung mit Novellen auch Bestandteil der meisten Schullehrpläne. Um eine Novelle interpretieren zu können, muss man jedoch zunächst einmal wissen, was darunter überhaupt zu verstehen ist.
Eine erste Definition besagt:

> „Die Novelle (von italien. Novelle = Neuigkeit) ist eine schwer zu charakterisierende Erzählform, die sich auf das Wesentliche konzentriert. Sie ist letztlich eine psychologisch und soziologisch verkürzte, pointierte und objektivierte Prosaerzählung mit Symbolcharakter. In strenger Formgebung gestaltet sie eine außergewöhnliche, schicksalsentscheidende Begebenheit, die in den Hauptpersonen eine innere Handlung bewirkt und vom Leser eine sittliche Entscheidung fordert, wie dies Theodor Storm formuliert."[1]

---

[1] Egon Ecker: *Wie interpretiere ich Novellen und Romane?* Methoden und Beispiele, Hollfeld (Bange) 3. Aufl., 1991, S. 9

1. DIE NOVELLE

Die Novelle definiert sich also über innere Kriterien, d. h. die Handlung, die Personen etc. Tabellarisch lassen sich folgende Kriterien nennen:

nach I. Braak[2]	nach Ecker[3]
– ein krisenhafter Vorfall	– ein bestimmter Vorfall im Mittelpunkt des Werks
– Geflecht von Vorfall und Mensch, Schicksal und Charakter	– Einheit der Begebenheit
– Wendepunkt und Einbeziehung des Dingsymbols	– Gang der Geschehnisse führt zum Verständnis der Begebenheit
– Konzentrierung, Verdichtung, Abkürzung des Erzählten	– Konflikte, möglicherweise entstanden aus bloßer Verkettung der Umstände
– szenischer Ausschnitt statt eines breiten Gemäldes	– Objektivität der Darstellung mit kommentarloser Erfassung
– Länge nicht entscheidend	– räumliche Kürze, Beseitigung alles vermeintlich Verzögernden
	– Rahmenform

Dabei handelt es sich aber nicht um einen gültigen „Kriterien-Katalog", an Hand dessen man die Novelle zweifelsfrei bestimmen kann, sondern um je nach Text differenziert aufzuweisende Merkmale.

Dazu kommen die **Schritte, die zur Interpretation von Prosatexten allgemein gehören: Inhalt und Aufbau** des Textes, Bestimmung des **Themas** bzw. der Fabel, Wirkung der **Erzählperspektive, Raum- und Zeitstruktur, Charaktere,** zentrale **Motive,** Analyse von Sprache und Stil und schließlich die Bestimmung der **Aussage.**

---

[2] Ivo Braak: *Poetik in Stichworten*, 3. Aufl., Paderborn 1969, S. 212
[3] Egon Ecker, S. 15 f.

1.2 Novellentexte

a) Heinrich von Kleist: *Das Bettelweib von Locarno*

Heinrich von Kleist: *Das Bettelweib von Locarno* (1810)

> **Info**
>
> **Kleist, Heinrich von** (* 1777 Frankfurt/Oder, † 1811 Berlin): Herkunft aus preußischem Adelsgeschlecht, mit 15 Jahren Eintritt in den Militärdienst, den er 1799 wieder verlässt. Studium der Mathematik und Physik, das nach kurzer Zeit wieder abgebrochen wird. Eintritt in den Staatsdienst, zahlreiche Reisen in die Schweiz, nach Italien und nach Frankreich, zeitweise (1807) französische Kriegsgefangenschaft. Wirkungsstätten in Dresden und Berlin. Literarisches Schaffen bestimmt von Dramen *Die Familie Schroffenstein* (1803), *Der zerbrochene Krug* (1808), *Penthesilea* (1808), *Das Käthchen von Heilbronn* (1810), *Prinz Friedrich von Homburg* (postum 1821) und Novellen (*Michael Kohlhaas; Das Erdbeben in Chili* [1810]). Nach verschiedenen existenziellen Sinnkrisen und auch aufgrund einsetzender finanzieller Bedrängnis nimmt sich Kleist mit der ihm freundschaftlich verbundenen Henriette Vogel 1811 das Leben.

Am Fuße der Alpen, bei Locarno im oberen Italien, befand sich ein altes, einem Marchese gehöriges Schloss, das man jetzt, wenn man vom St. Gotthard kommt, in Schutt und Trümmern liegen sieht: Ein Schloss mit hohen und weitläufigen Zimmern, in deren einem einst, auf Stroh, das man ihr unterschüttete, eine alte kranke Frau, die sich bettelnd vor der Tür eingefunden hatte, von der Hausfrau aus Mitleiden gebettet worden war. Der Marchese, der, bei der Rückkehr von der Jagd, zufällig in das Zimmer trat, wo er seine Büchse abzusetzen pflegte, befahl der Frau unwillig, aus dem Winkel, in welchem sie lag, aufzustehen, und sich hinter den Ofen zu verfügen. Die Frau, da sie sich erhob, glitschte mit der Krücke auf dem glatten Boden aus, und beschädigte sich, auf eine gefährliche Weise, das Kreuz; dergestalt, dass sie zwar noch mit unsäglicher Mühe aufstand und quer, wie es vorgeschrieben war, über das Zimmer ging, hinter dem Ofen aber, unter Stöhnen und Ächzen, niedersank und verschied.

Mehrere Jahre nachher, da der Marchese, durch Krieg und Misswachs, in bedenkliche Vermögensumstände geraten war, fand sich ein florentinischer Ritter bei ihm ein, der das Schloss, seiner schönen Lage wegen, von ihm kaufen wollte. Der Marchese, dem viel an dem Handel gelegen war, gab seiner Frau auf, den Fremden in dem oben erwähnten, leer stehenden Zimmer, das sehr schön und prächtig eingerichtet war, unterzubringen. Aber wie betreten war das Ehepaar, als der Ritter mitten in der Nacht, verstört und bleich, zu ihnen herunterkam, hoch und teuer versichernd, dass es in dem Zimmer spuke, indem etwas, das dem Blick unsichtbar gewesen, mit einem Geräusch, als ob es auf Stroh gelegen, im Zimmerwinkel aufgestanden, mit vernehmlichen Schritten, langsam und gebrechlich, quer über das Zimmer gegangen, und hinter dem Ofen, unter Stöhnen und Ächzen, niedergesunken sei.

Der Marchese erschrocken, er wusste selbst nicht recht warum, lachte den Ritter mit erkünstelter Heiterkeit aus, und sagte, er wolle sogleich aufstehen, und die Nacht, zu seiner Beruhigung, mit ihm in dem Zimmer zubringen. Doch der Ritter bat um die Gefälligkeit, ihm zu erlauben, dass er auf einem Lehnstuhl in seinem Schlafzimmer übernachte, und als der Morgen kam, ließ er anspannen, empfahl sich und reiste ab.

Dieser Vorfall, der außerordentliches Aufsehen machte, schreckte, auf eine dem Marchese höchst unangenehme Weise, mehrere Käufer ab; dergestalt, dass, da sich unter seinem eigenen Hausgesinde, befremdend und unbegreiflich, das Gerücht erhob, dass es in dem Zimmer, zur Mitternachtsstunde, umgehe, er, um es mit einem entscheidenden Verfahren niederzuschlagen, beschloss, die Sache in der nächsten Nacht selbst zu untersuchen. Demnach ließ er, beim Einbruch der Dämmerung, sein Bett in dem besagten Zimmer aufschlagen, und erharrte, ohne zu schlafen, die Mitternacht. Aber wie erschüttert war er, als er in der Tat, mit dem Schlage der Geisterstunde, das unbegreifliche Geräusch wahrnahm; es war, als ob ein Mensch sich von Stroh, das unter ihm knisterte, erhob, quer über das Zimmer ging, und hinter dem Ofen, unter Geseufz und Geröchel niedersank. Die Marquise, am andern Morgen, da er herunterkam, fragte ihn, wie die Untersuchung abgelaufen; und da er sich, mit scheuen und ungewissen Blicken, umsah, und, nachdem er die Tür verriegelt, versicherte, dass es mit dem Spuk seine Richtigkeit habe: So erschrak sie, wie sie in ihrem Leben nicht getan, und bat ihn, bevor er die Sache verlauten ließe, sie noch einmal, in ihrer Gesellschaft, einer kaltblütigen Prüfung zu unterwerfen. Sie hörten aber, samt einem treuen Bedienten, den sie mitgenommen hatten, in der Tat, in der nächsten Nacht, dasselbe unbegreifliche, gespensterartige Geräusch; und nur der dringende Wunsch, das Schloss, es koste was es wolle, loszuwerden, vermochte sie, das Entsetzen, das sie ergriff, in Gegenwart ihres Dieners zu unterdrücken, und dem Vorfall irgendeine gleichgültige und zufällige Ursache, die sich entdecken lassen müsse, unterzuschieben. Am Abend des dritten Tages, da beide, um der Sache auf den Grund zu kommen, mit Herzklopfen wieder die Treppe zu dem Fremdenzimmer bestiegen, fand sich zufällig der Haushund, den man von der Kette losgelassen hatte, vor der Tür desselben ein; dergestalt, dass beide, ohne sich bestimmt zu erklären, vielleicht in der unwillkürlichen Absicht, außer sich selbst noch etwas Drittes, Lebendiges, bei sich zu haben, den Hund mit sich in das Zimmer nahmen. Das Ehepaar, zwei Lichter auf dem Tisch, die Marquise unausgezogen, der Marchese Degen und Pistolen, die er aus dem Schrank genommen, neben sich, setzen sich, gegen elf Uhr, jeder auf sein Bett; und während sie sich mit Gesprächen, so gut sie vermögen, zu unterhalten suchen, legt sich der Hund, Kopf und Beine zusammengekauert, in der Mitte des Zimmers nieder und schläft ein. Drauf, in dem Augenblick der Mitternacht, lässt sich das entsetzliche Geräusch wieder hören; jemand, den kein Mensch mit Augen sehen kann, hebt sich, auf Krücken, im Zimmerwinkel empor; man hört das Stroh, das unter ihm rauscht; und mit dem ersten Schritt: tapp! tapp! erwacht der Hund, hebt sich plötzlich, die Ohren spitzend, vom Boden empor, und knurrend und bellend, grad als ob ein Mensch auf ihn eingeschritten käme, rückwärts gegen den Ofen weicht er aus. Bei diesem Anblick stürzt die Marquise, mit sträubenden Haaren, aus dem Zimmer; und während der Marquis, der den Degen ergriffen: Wer da? ruft, und da ihm niemand antwortet, gleich einem Rasenden, nach allen Richtungen die Luft durchhaut, lässt sie anspannen, entschlossen, augenblicklich, nach der Stadt abzufahren. Aber ehe sie noch einige Sachen zusammengepackt und aus dem Tore herausgerasselt, sieht sie schon das Schloss ringsum in Flammen aufgehen. Der Marchese, vom Entsetzen überreizt, hatte eine Kerze genommen, und dasselbe, überall mit Holz getäfelt wie es war, an allen vier Ecken, müde seines Lebens, angesteckt. Vergebens schickte sie Leute hinein, den Unglücklichen zu retten; er war auf die elendiglichste Weise bereits umgekommen, und noch jetzt liegen, von den Landleuten zusammengetragen, seine weißen Gebeine in dem Winkel des Zimmers, von welchem er das Bettelweib von Locarno hatte aufstehen heißen.

b) Heinrich Böll: *Die Waage der Baleks*

Heinrich Böll: *Die Waage der Baleks* (1959)

In der Heimat meines Großvaters lebten die meisten Menschen von der Arbeit in den Flachsbrechen. Seit fünf Generationen atmeten sie den Staub ein, der den zerbrochenen Stängeln entsteigt, ließen sich langsam dahinmorden, geduldige und fröhliche Geschlechter, die Ziegenkäse aßen und Kartoffeln, manchmal ein Kaninchen schlachteten; abends spannen und strickten sie in ihren Stuben, sangen, tranken Pfefferminztee und waren glücklich. Tagsüber brachen sie den Flachs in altertümlichen Maschinen, schutzlos dem Staub preisgegeben und der Hitze, die den Trockenöfen entströmte. In ihren Stuben stand ein einziges, schrankartiges Bett, das den Eltern vorbehalten war, und die Kinder schliefen ringsum auf Bänken. Morgens waren ihre Stuben vom Geruch der Brennsuppe erfüllt; an den Sonntagen gab es Sterz, und die Gesichter der Kinder röteten sich vor Freude, wenn an besonders festlichen Tagen sich der schwarze Eichelkaffee hell färbte, immer heller von der Milch, die die Mutter lächelnd in ihre Kaffeetöpfe goss.

Die Eltern gingen früh zur Arbeit, den Kindern war der Haushalt überlassen: Sie fegten die Stube, räumten auf, wuschen das Geschirr und schälten Kartoffeln, kostbare gelbliche Früchte, deren dünne Schale sie vorweisen mussten, um den Verdacht möglicher Verschwendung oder Leichtfertigkeit zu zerstreuen. Kamen die Kinder aus der Schule, mussten sie in die Wälder gehen und – je nach der Jahreszeit – Pilze sammeln und Kräuter: Waldmeister und Thymian, Kümmel und Pfefferminz, auch Fingerhut und im Sommer, wenn sie das Heu von ihren mageren Wiesen geerntet hatten, sammelten sie die Heublumen. Einen Pfennig gab es fürs Kilo Heublumen, die in der Stadt in den Apotheken für zwanzig Pfennig das Kilo an nervöse Damen verkauft wurden. Kostbar waren die Pilze: Sie brachten zwanzig Pfennig das Kilo und wurden in der Stadt für eine Mark zwanzig gehandelt. Weit in die grüne Dunkelheit der Wälder krochen die Kinder im Herbst, wenn die Feuchtigkeit die Pilze aus dem Boden treibt, und fast jede Familie hatte ihre Plätze, an denen sie Pilze pflückte, Plätze, die von Geschlecht zu Geschlecht weitergeflüstert wurden.

Info

Böll, Heinrich (* 1917 Köln, † 1985 Langenbroich): Kindheit und Jugend in rheinländisch-katholischem Milieu, das auch für sein literarisches Schaffen prägend wird. 1937 Abitur, daran anschließend Buchhandelslehre und Studium der Germanistik, 1939–1945 Kriegsdienst. Seit Ende der 40er Jahre schriftstellerisch tätig, v. a. Romane. Hauptthemen seiner Werke sind die Bewältigung von NS-Herrschaft und Krieg, die kritische Sicht auf das (westliche) Nachkriegsdeutschland und die Verteidigung bürgerlicher Freiheiten. Einige Hauptwerke aus dem umfangreichen Werk: *Der Zug war pünktlich* (1949), *Wo warst du, Adam?* (1951), *Billard um halbzehn* (1959), *Ansichten eines Clowns* (1963), *Die verlorene Ehre der Katharina Blum* (1974). Böll erhielt die wichtigsten deutschen Literaturpreise, den Preis der Gruppe 47 (1951) und den Georg-Büchner-Preis (1967), sowie 1972 den Nobelpreis für Literatur.

1. DIE NOVELLE

Die Wälder gehörten den Baleks, auch die Flachsbrechen, und die Baleks hatten im Heimatdorf meines Großvaters ein Schloss, und die Frau des Familienvorstands jeweils hatte neben der Milchküche ein kleines Stübchen, in dem Pilze, Kräuter, Heublumen gewogen und bezahlt wurden. Dort stand auf dem Tisch die große Waage der Baleks, ein altertümliches, verschnörkeltes, mit Goldbronze bemaltes Ding, vor dem die Großeltern meines Großvaters schon gestanden hatten, die Körbchen mit Pilzen, die Papiersäcke mit Heublumen in ihren schmutzigen Kinderhänden, gespannt zusehend, wie viel Gewicht Frau Balek auf die Waage werfen musste, bis der pendelnde Zeiger genau auf dem schwarzen Strich stand, dieser dünnen Linie der Gerechtigkeit, die jedes Jahr neu gezogen werden musste. Dann nahm Frau Balek das große Buch mit dem braunen Lederrücken, trug das Gewicht ein und zahlte das Geld aus, Pfennige oder Groschen und sehr, sehr selten einmal eine Mark. Und als mein Großvater ein Kind war, stand dort ein großes Glas mit sauren Bonbons, von denen, die das Kilo eine Mark kosteten, und wenn die Frau Balek, die damals über das Stübchen herrschte, gut gelaunt war, griff sie in dieses Glas und gab jedem der Kinder ein Bonbon, und die Gesichter der Kinder röteten sich vor Freude, so wie sie sich röteten, wenn die Mutter an besonderen Tagen Milch in ihre Kaffeetöpfe goss, Milch, die den Kaffee hell färbte, immer heller, bis er so blond war wie die Zöpfe der Mädchen.

Eines der Gesetze, die die Baleks dem Dorf gegeben hatten, hieß: Keiner darf eine Waage im Hause haben. Das Gesetz war schon so alt, dass keiner mehr darüber nachdachte, wann und warum es entstanden war, und es musste geachtet werden; denn wer es brach, wurde aus den Flachsbrechen entlassen, dem wurden keine Pilze, kein Thymian, keine Heublumen mehr abgenommen, und die Macht der Baleks reichte so weit, dass auch in den Nachbardörfern niemand ihm Arbeit gab, niemand ihm die Kräuter des Waldes abkaufte. Aber seitdem die Großeltern meines Großvaters als kleine Kinder Pilze gesammelt, sie abgeliefert hatten, damit sie in den Küchen der reichen Prager Leute den Braten würzten oder in Pasteten verbacken werden konnten, seitdem hatte niemand daran gedacht, dieses Gesetz zu brechen. Fürs Mehl gab es Hohlmaße, die Eier konnte man zählen, das Gesponnene wurde nach Ellen gemessen, und im Übrigen machte die altertümliche, mit Goldbronze verzierte Waage der Baleks nicht den Eindruck, als könne sie nicht stimmen, und fünf Geschlechter hatten dem auspendelnden schwarzen Zeiger anvertraut, was sie mit kindlichem Eifer im Wald gesammelt hatten.

Zwar gab es zwischen diesen stillen Menschen auch welche, die das Gesetz missachteten, Wilderer, die begehrten, in einer Nacht mehr zu verdienen, als sie in einem ganzen Monat in der Flachsfabrik verdienen konnten, aber auch von diesen schien noch nie jemand den Gedanken gehabt zu haben, sich eine Waage zu kaufen oder sie zu basteln. Mein Großvater war der Erste, der kühn genug war, die Gerechtigkeit der Baleks zu prüfen, die im Schloss wohnten, zwei Kutschen fuhren, die immer einem Jungen des Dorfes das Studium der Theologie im Prager Seminar bezahlten, bei denen der Pfarrer jeden Mittwoch zum Tarock war, denen der Bezirkshauptmann – das kaiserliche Wappen auf der Kutsche – zu Neujahr seinen Besuch abstattete und denen der Kaiser zu Neujahr des Jahres 1900 den Adel verlieh.

Mein Großvater war fleißig und klug: Er kroch weiter in die Wälder hinein, als vor ihm Kinder seiner Sippe gekrochen waren, er drang bis in das Dickicht vor, in dem der Sage nach Bilgan, der Riese hausen sollte, der dort den Hort der Balderer bewacht. Aber mein Großvater hatte keine Furcht vor Bilgan: Er drang weiter in das Dickicht vor, schon als Knabe, brachte große Beute an Pilzen mit, fand sogar Trüffeln, die Frau Balek mit dreißig Pfennig das Pfund berechnete. Mein Großvater trug alles, was er den Baleks brachte, auf die Rückseite eines Kalenderblatts ein: jedes Pfund Pilze, jedes Gramm Thymian, und mit seiner Kinderschrift schrieb er rechts daneben, was er dafür bekommen hatte; jeden Pfennig kritzelte er hin, von seinem siebten Jahr bis zu seinem zwölften Jahr, und als er zwölf war, kam das Jahr 1900, und die Baleks schenkten jeder Familie im Dorf, weil der Kaiser sie geadelt haue, ein Viertelpfund echten Kaffee, von dem, der aus Brasilien kommt; es gab auch Freibier und Tabak für die Männer, und im Schloss fand ein großes Fest statt; viele Kutschen standen in der Pappelallee, die vom Dorf zum Schloss führt. Aber am Tage vor dem Fest schon wurde der Kaffee ausgegeben in der kleinen Stube, in der seit fast hundert Jahren die Waage der Baleks stand, die jetzt Baleks von Bilgan hießen, weil der Sage nach Bilgan, der Riese, dort ein großes Schloss gehabt haben soll, wo die Gebäude der Baleks stehen.

Mein Großvater hat mir oft erzählt, wie er nach der Schule dorthin ging, um den Kaffee für vier Familien abzuholen; für die Cechs, die Weidlers, die Vohlas und für seine eigene, die Brüchers. Es war der Nachmittag von Silvester: Die Stuben mussten geschmückt, es musste gebacken werden, und man wollte nicht vier Jungen entbehren, jeden einzeln den Weg ins Schloss machen zu lassen, um ein Viertelpfund Kaffee zu holen.

Und so saß mein Großvater auf der kleinen schmalen Holzbank im Stübchen, ließ sich von Gertrud, der Magd, die fertigen Achtelkilopakete Kaffee vorzählen, vier Stück, und blickte auf die Waage, auf deren linker Schale der Halbkilostein liegen geblieben war; Frau Balek von Bilgan war mit den Vorbereitungen fürs Fest beschäftigt. Und als Gertrud nun in das Glas mit den sauren Bonbons greifen wollte, um meinem Großvater eines zu geben, stellte sie fest, dass es leer war: Es wurde jährlich einmal neu gefüllt, fasste ein Kilo von denen zu einer Mark.

Gertrud lachte, sagte: „Warte, ich hole die neuen", und mein Großvater blieb mit den vier Achtelkilopaketen, die in der Fabrik verpackt und verklebt waren, vor der Waage stehen, auf der jemand den Halbkilostein liegen gelassen hatte, und mein Großvater nahm die Kaffeepaketchen, legte sie auf die leere Waagschale, und sein Herz klopfte heftig, als er sah, wie der schwarze Zeiger der Gerechtigkeit links neben dem Strich hängen blieb, die Schale mit dem Halbkilostein unten blieb und das halbe Kilo Kaffee ziemlich hoch in der Luft schwebte, sein Herz klopfte heftiger, als wenn er im Walde hinter einem Strauch gelegen, auf Bilgan den Riesen gewartet hätte, und er suchte aus seiner Tasche Kieselsteine, wie er sie immer bei sich trug, um mit der Schleuder nach Spatzen zu schießen, die an den Kohlpflanzen seiner Mutter herumpickten – drei, vier, fünf Kieselsteine musste er neben die vier Kaffeepakete legen, bis die Schale mit dem Halbkilostein sich senkte und der Zeiger endlich scharf über dem schwarzen Strich lag. Mein Großvater nahm den Kaffee von der Waage, wickelte die fünf Kieselsteine in sein Sacktuch, und als Gertrud mit der großen Kilotüte voll saurer Bonbons kam, die wieder für ein Jahr reichen mussten, um die Röte der Freude in die Gesichter der Kinder zu treiben, als Gertrud die Bonbons rasselnd ins Glas schüttelte, stand der kleine blasse Bursche da und nichts schien sich verändert zu haben. Mein Großvater nahm nur drei von den Paketen, und Gertrud blickte erstaunt und erschreckt auf den blassen Jungen, der den sauren Bonbon auf die Erde warf, ihn zertrat und sagte: „Ich will Frau Balek sprechen." „Balek von Bilgan, bitte", sagte Gertrud.

„Gut, Frau Balek von Bilgan", aber Gertrud lachte ihn aus, und er ging im Dunkeln ins Dorf zurück, brachte den Cechs, den Weidlers, den Vohlas ihren Kaffee und gab vor, er müsse noch zum Pfarrer.

Aber er ging mit seinen fünf Kieselsteinen im Sacktuch in die dunkle Nacht. Er musste weit gehen, bis er jemand fand, der eine Waage hatte, eine haben durfte: In den Dörfern Blaugau und Bernau hatte niemand eine, das wusste er, und er schritt durch sie hindurch, bis er nach zweistündigem Marsch in das kleine Städtchen Dielheim kam, wo der Apotheker Honig wohnte. Aus Honigs Haus kam der Geruch frisch gebackener Pfannkuchen, und Honigs Atem, als er dem verfrorenen Jungen öffnete, roch schon nach Punsch, und er hatte die nasse Zunge zwischen den schmalen Lippen, hielt die kalten Hände des Jungen einen Augenblick fest und sagte: „Na, ist es schlimmer geworden mit der Lunge deines Vaters?"

„Nein, ich komme nicht um Medizin, ich wollte ..." Mein Großvater nestelte sein Sacktuch auf, nahm die fünf Kieselsteine heraus, hielt sie Honig hin und sagte: „Ich wollte das gewogen haben." Er blickte ängstlich in Honigs Gesicht, aber als Honig nichts sagte, nicht zornig wurde, auch nicht fragte, sagte mein Großvater: „Es ist das, was an der Gerechtigkeit fehlt", und mein Großvater spürte jetzt, als er in die warme Stube kam, wie nass seine Füße waren. Der Schnee war durch die schlechten Schuhe gedrungen, und im Wald hatten die Zweige den Schnee über ihn geschüttelt, der jetzt schmolz, und er war müde und hungrig und fing plötzlich an zu weinen, weil ihm die vielen Pilze einfielen, die Kräuter, die Blumen, die auf der Waage gewogen worden waren, an der das Gewicht von fünf Kieselsteinen an der Gerechtigkeit fehlte. Und als Honig, den Kopf schüttelnd, die fünf Kieselsteine in der Hand, seine Frau rief, fielen meinem Großvater die Geschlechter seiner Eltern, seiner Großeltern ein, die alle ihre Pilze, ihre Blumen auf der Waage hatten wiegen lassen müssen, und es kam über ihn eine große Woge der Ungerechtigkeit, und er fing noch heftiger an zu weinen, setzte sich, ohne dazu aufgefordert zu sein, auf einen der Stühle in Honigs Stube, übersah den Pfannekuchen, die heiße Tasse Kaffee, die die gute und dicke Frau Honig ihm vorsetzte, und hörte erst auf zu weinen, als Honig selbst aus dem Laden vorne zurückkam und, die Kieselsteine in der Hand schüttelnd, leise zu seiner Frau sagte: „Fünfeinhalb Deka, genau." Mein Großvater ging die zwei Stunden durch den Wald zurück, ließ sich prügeln zu Hause, schwieg, als er nach dem Kaffee gefragt wurde, sagte kein Wort, rechnete den ganzen Abend an seinem Zettel herum, auf dem er alles notiert hatte, was er der jetzigen Frau Balek geliefert hatte, und als es Mitternacht schlug, vom Schloss die Böller zu hören waren, im ganzen Dorf das Geschrei, das Klappern und Rasseln erklang, als die Familie sich geküsst, sich umarmt hatte, sagte er in das folgende Schweigen des neuen Jahres hinein: „Baleks schulden mir achtzehn Mark und zweiunddreißig Pfennig." Und wieder dachte er an die vielen Kinder, die es im Dorf gab, dachte an seinen Bruder Fritz, der viele Pilze gesammelt hatte, an seine Schwester Ludmilla, dachte an die vielen hundert Kinder, die alle für die Baleks Pilze gesammelt hauen, Kräuter und Blumen, und er weinte diesmal nicht, sondern erzählte seinen Eltern, seinen Geschwistern von seiner Entdeckung.

Als die Baleks von Bilgan am Neujahrstage zum Hochamt in die Kirche kamen, das neue Wappen – einen Riesen, der unter einer Fichte kauert – schon in Blau und Gold auf ihrem Wagen, blickten sie in die harten und blassen Gesichter der Leute, die alle auf sie starrten. Sie hatten im Dorf Girlanden erwartet, am Morgen ein Ständchen, Hochrufe und Heilrufe, aber das Dorf war wie ausgestorben gewesen, als sie hindurchfuhren, und in der Kirche wandten sich die Gesichter der blassen Leute ihnen zu, stumm und feindlich, und als der Pfarrer auf die Kanzel stieg, um die Festpredigt zu halten, spürte er die Kälte der sonst so friedlichen und stillen Gesichter, und er stoppelte mühsam seine Predigt herunter und ging schweißtriefend zum Altar zurück. Und als die Baleks von Bilgan nach der Messe die Kirche wieder verließen, gingen sie durch ein Spalier stummer, blasser Gesichter. Die junge Frau Balek von Bilgan aber blieb vorne bei den Kinderbänkchen stehen, suchte das Gesicht meines Großvaters, des kleinen blassen Franz Brücher, und fragte ihn in der Kirche: „Warum hast du den Kaffee für deine Mutter nicht mitgenommen?", und mein Großvater stand auf und sagte: „Weil Sie mir noch so viel Geld schulden, wie fünf Kilo Kaffee kosten", und er zog die fünf Kieselsteine aus seiner Tasche, hielt sie der jungen Frau hin und sagte: „So viel, fünfeinhalb Deka, fehlen auf ein halbes Kilo an Ihrer

Gerechtigkeit." Und noch ehe die Frau etwas sagen konnte, stimmten die Männer und Frauen in der Kirche das Lied an: „Gerechtigkeit der Erden, 0 Herr, hat dich getötet ..." Während die Baleks in der Kirche waren, war Wilhelm Vohla, der Wilderer, in das kleine Stübchen eingedrungen, hatte die Waage gestohlen und das große, dicke in Leder eingebundene Buch, in dem jedes Kilo Pilze, jedes Kilo Heublumen, alles eingetragen war, was von den Baleks im Dorf gekauft worden war, und den ganzen Nachmittag des Neujahrstages saßen die Männer des Dorfes in der Stube meiner Urgroßeltern und rechneten, rechneten elf Zehntel von allem, was gekauft worden – aber als sie schon viele Tausend Taler errechnet hatten und noch immer nicht zu Ende waren, kamen die Gendarmen des Bezirkshauptmanns, drangen schießend und stechend in die Stube meines Urgroßvaters ein und holten mit Gewalt die Waage und das Buch heraus. Die Schwester meines Großvaters wurde getötet dabei, die kleine Ludmilla, ein paar Männer verletzt, und einer der Gendarmen wurde von Wilhelm Vohla, dem Wilderer, erstochen.

Es gab Aufruhr, nicht nur in unserem Dorf, auch in Blaugau und Bernau, und fast eine Woche lang ruhte die Arbeit in den Flachsfabriken. Aber es kamen sehr viele Gendarmen, und die Männer und Frauen wurden mit Gefängnis bedroht, und die Baleks zwangen den Pfarrer, öffentlich in der Schule die Waage vorzuführen und zu beweisen, dass der Zeiger der Gerechtigkeit richtig auspendelte. Und die Männer und Frauen gingen wieder in die Flachsbrechen – aber niemand ging in die Schule, um dem Pfarrer zuzusehen: Er stand ganz allein da, hilflos und traurig mit seinen Gewichtssteinen, der Waage und den Kaffeetüten. Und die Kinder sammelten wieder Pilze, sammelten wieder Thymian, Blumen und Fingerhut, aber jeden Sonntag wurde in der Kirche, sobald die Baleks sie betraten, das Lied angestimmt: „Gerechtigkeit der Erden, 0 Herr, hat dich getötet", bis der Bezirkshauptmann in allen Dörfern austrommeln ließ, das Singen dieses Liedes sei verboten.

Die Eltern meines Großvaters mussten das Dorf verlassen, das frische Grab ihrer kleinen Tochter, sie wurden Korbflechter, blieben an keinem Ort lange, weil es sie schmerzte, zuzusehen, wie in allen Orten das Pendel der Gerechtigkeit falsch ausschlug. Sie zogen hinter dem Wagen, der langsam über die Landstraße kroch, ihre magere Ziege mit, und wer an dem Wagen vorbeikam, konnte manchmal hören, wie drinnen gesungen wurde: „Gerechtigkeit der Erden, o Herr, hat dich getötet." Und wer ihnen zuhören wollte, konnte die Geschichte hören von den Baleks von Bilgan, an deren Gerechtigkeit ein Zehntel fehlte.

Aber es hörte ihnen fast niemand zu.

2. Interpretationschritte
2.1 Textzusammenfassung und Inhaltsangabe schreiben

Oft als Pflichtübung empfunden, ist die Textzusammenfassung doch ein sinnvoller und wichtiger erster Schritt zur Interpretation. Bei der zusammenfassenden Wiedergabe eines Textes vergewissert man sich des eigenen Verständnisses; zugleich wird einem durch die Aufgabe der Zusammenfassung auch klar, was man nicht verstanden hat und was man daher noch einmal lesen sollte.
In die folgende Textzusammenfassung von Kleists Novelle *Das Bettelweib von Locarno* wurden absichtsvoll mehrere Fehler eingebaut:

> Die Geschichte *Das Bettelweib von Locarno* erzählt von Spukerlebnissen in Italien. – Eine alte, bettelnde Frau war von einer Schlossbesitzerin aufgenommen worden, doch als der Mann von der Jagd zurückkehrte, vertrieb er die Bettlerin aus der ihr zugewiesenen Ecke und schrie sie an, sie sollte hinter den Ofen gehen. Auf dem Weg dorthin rutschte sie aus und starb. Als nun der Marchese später das Schloss verkaufen wollte, meldete sich ein Ehepaar aus Florenz. Es wollte im Schloss übernachten, doch meldete sich der Ritter mitten in der Nacht verängstigt beim Burgherrn, dass es spuken würde. Der Kauf fiel dann ins Wasser. Nun wollte der Marchese selber sehen, was an der Sache war. Doch auch bei ihm raschelte es, als ob sich jemand vom Stroh erhob, durch das Zimmer ging und hinter dem Ofen stöhnend niedersinken würde. Das hat sich noch zwei Mal wiederholt. Am Ende wurde der Marchese wahnsinnig und zündete sein eigenes Schloss an, dessen Ruinen noch vom Autor besichtigt werden konnten.

2.1 Korrigieren Sie, was Ihnen an der Inhaltsangabe nicht gelungen erscheint!

Für die Textzusammenfassung am Beginn einer Interpretation gilt Folgendes:

Textzusammenfassung

Im Einleitungsteil der Interpretation steht eine knappe Inhaltsangabe, die das Textverständnis sicherstellen und zugleich ein Vorverständnis für die Interpretation ermöglichen soll. Zu beachten ist:
- Wiedergabe der **wichtigsten** Handlungen und Handlungsschritte sowie Nennung der wichtigsten Personen
- Textwiedergabe in eigenen Worten
- objektiv-distanzierende Schreibhaltung, d. h. Verzicht auf wörtliche Rede und andere möglicherweise spannungssteigernde Elemente
- keine persönliche Kommentierung des Geschehens
- Tempus: Präsens
- Kürze: Weglassen aller überflüssigen Details
---

2. INTERPRETATIONSSCHRITTE

Überarbeiten Sie nun unter Berücksichtigung der genannten Kriterien nochmals die Textzusammenfassung zu *Das Bettelweib von Locarno*. (Ohne Lösungsvorschlag)

2.2

Wenn die Einleitung ein erstes „Tor" zur Interpretation ist, so ist der einleitende Satz der „Schlüssel" dazu. Er hat die Aufgabe, den Leser auf die Interpretation einzustimmen und muss somit sachlich und – soweit möglich – spannend sein.

Prüfen Sie folgende einleitende Sätze und ordnen Sie ihnen die richtige Beurteilung zu:

2.3

a) Die Geschichte *Das Bettelweib von Locarno* handelt von unglaublichen Erlebnissen.	1) … bestimmt das Thema ungenau und beschränkt sich auf dieses
b) Die Novelle *Das Bettelweib von Locarno* von Heinrich von Kleist aus dem Jahre 1810 erzählt am Beispiel eines italienischen Adligen von Mitleidlosigkeit und ihren Auswirkungen.	2) … vergisst, Autor und Entstehungs- bzw. Erscheinungsdatum zu nennen und umreißt mehr den Inhalt als das Thema
c) Die Novelle *Das Bettelweib von Locarno* erzählt, wie jemand unbarmherzig zu einer alten Frau ist und dafür mit einem Spuk bestraft wird, bis er sein ein eigenes Schloss anzündet.	3) … nennt Autor, Titel, Datum und umreißt knapp das Thema
d) Der Text *Das Bettelweib von Locarno* von Heinrich von Kleist handelt von dem tragischen Schicksal eines italienischen Marchese.	4) … erwähnt nur kurz einen Aspekt der Handlung

Welcher Satz (a, b, c oder d) erscheint Ihnen am geeignetsten für die Einleitung? Formulieren Sie eigenständig die Anforderungen an den Einleitungssatz!

2.4

> **Einleitender Satz**
> Der einleitende Satz soll einen ersten Eindruck vom Text vermitteln, indem er auf das **Thema** hinweist. Darüber hinaus kann er schlaglichtartig auf die Handlung oder auf Schwerpunkte der folgenden Untersuchung hinweisen. Auf jeden Fall müssen **Textart, Titel, Autor** und ggf. **Entstehungs- oder Erscheinungsdatum** des Textes genannt werden.

2. INTERPRETATIONSSCHRITTE

2.5 Teilen Sie die Novelle *Die Waage der Baleks* von Heinrich Böll in voneinander unterscheidbare Sinnabschnitte ein. Fassen Sie jeden Abschnitt in 1–2 Sätzen zusammen.

2.6 Fügen Sie die einzelnen Sätze zu einer vollständigen Inhaltsangabe zusammen. (Ohne Lösungsvorschlag)

2.2 Gliederung und Aufbau erfassen

Dem Verständnis eines Textes nähert man sich also im ersten Schritt über die Zusammenfassung. Im zweiten Schritt geht es darum, den **Aufbau** zu erfassen. Mögliche Fragen zum Aufbau sind z. B.:
- Lassen sich **Einleitung, Hauptteil** und **Schluss** klar voneinander unterscheiden?
- Gibt es erkennbare **Erzählschritte**?
- Wird in der Einleitung eine **Vorgeschichte** zur Handlung erzählt oder nicht? Wie **ausführlich** ist die Vorgeschichte?
- An welcher Stelle befindet sich der **Höhepunkt** der Handlung?
- Wie wird der Höhepunkt der Handlung **vorbereitet**?
- Gibt es ein „**offenes**" oder ein „**geschlossenes**" Ende?

2.7 Teilen Sie *Das Bettelweib von Locarno* in erkennbare Sinnabschnitte ein.

2.8 Beschreiben Sie, wie das entscheidende letzte Spukerlebnis vorbereitet wird.

Über den Aufbau des Textes hinaus ist es gut, wenn **Beziehungen innerhalb des Textes** aufgewiesen werden können. Hierbei ist besonders das **Verhältnis zwischen Anfang und Ende** von Bedeutung. Haben die Handlung oder die sie tragenden Figuren eine Entwicklung durchlaufen? Besteht zwischen Anfang und Ende das Verhältnis einer Entsprechung oder das eines **Widerspruchs**? Ist die Struktur eine **linear-fortschreitende** oder eine **kreisförmige**?

2.9 Lässt sich im Aufbau der Novelle *Das Bettelweib von Locarno* eine planvolle Absicht erkennen?

2.10 Vergleichen Sie den Anfang und das Ende der Novelle miteinander. Beschreiben Sie den Zusammenhang zwischen beiden.

2.11 Berichtigen und ergänzen Sie präzisierend den folgenden Text zum Aufbau und verfassen Sie anschließend einen eigenen neuen Text.

2. INTERPRETATIONSSCHRITTE

Die Novelle besteht aus drei Teilen: Einleitung, Hauptteil und Schluss. In der Einleitung, die die ersten beiden Abschnitte umfasst, werden vor allem die Personen vorgestellt. Dabei handelt es sich um einen italienischen Marchese und seine Frau, das Bettelweib und einen Ritter aus Florenz. Es wird erzählt, wie der Marchese das Bettelweib umbringt. – Im zweiten Teil, dem Hauptteil (bis Z. 80), wird von verschiedenen Spukerscheinungen berichtet, die sich immer wiederholen. Es scheint, als gehe der Geist der alten Frau in dem Zimmer, in dem sie umgekommen ist, um. Verschiedene Interessenten werden dadurch abgeschreckt, das Schloss des Marchese zu kaufen. – Am Schluss wird der Marchese wahnsinnig, zündet sein Schloss an und kommt darin um.

Mit Ausnahme des Schlusses lässt sich keine wesentliche Steigerung erkennen. Das Ende mit dem Wahnsinn des Grafen weist zwar einen Zusammenhang mit dem Tod des Bettelweibs auf, kommt jedoch recht überraschend. Die Geschichte entwickelt sich geradlinig fortschreitend bis zum Schluss. Indem sie mit dem Tod des Adligen und der Zerstörung seines Schlosses endet, hat die Novelle ein geschlossenes Ende.

Beschreiben Sie nun kurz den Aufbau der Novelle *Die Waage der Baleks*. — 2.12

Der Inhalt eines erzählenden Textes ist nicht mit dem Thema zu verwechseln! Den Unterschied kann man sich gut an Hand der Inhalts- und der Themenfrage deutlich machen:

Was wird erzählt? → **Inhaltsfrage**, wird beantwortet durch Textzusammenfassung und Aufbau	
Wovon handelt die Geschichte? → **Themenfrage**, wird beantwortet im einleitenden Satz bzw. im Rahmen der Einleitung	

Welche der folgenden Themenbestimmungen trifft Ihrer Ansicht nach zu? Begründen Sie ihre Meinung. — 2.13

Thema der Novelle *Das Bettelweib von Locarno* von Heinrich von Kleist ist
a) Mitleidlosigkeit und ihre Folgen,
b) das Verhältnis des Adels zum einfachen Volk,
c) die Realität von Spuk und Gespensterglauben,
d) ein historisches Ereignis aus der Geschichte Oberitaliens.

Bestimmen Sie das Thema der Novelle *Die Waage der Baleks*. — 2.14

2. INTERPRETATIONSSCHRITTE

2.3 Den erzählerischen Kern bestimmen und das „Dingsymbol" herausstellen

Einem Ausspruch Goethes zufolge zeichnet sich die Novelle durch die Erzählung einer **„unerhörten Begebenheit"** aus. Das bezeichnet ein neues, in dieser Form noch nicht da gewesenes Ereignis. Es kann entweder mit dem Höhe- und Wendepunkt identisch sein oder im Sinn eines Leitmotivs wiederholt im Text auftauchen.

2.15 Bestimmen Sie das „Unerhörte" an der Begebenheit, die in *Das Bettelweib von Locarno* geschildert wird.

2.16 In der Tat mutet es – auch zur Entstehungszeit der Geschichte – in rational bestimmten Zeiten merkwürdig an, von Spukerscheinungen und dadurch entstehendem Wahnsinn mit Todesfolge zu lesen. Die Tatsache eines unhinterfragt wiedergegebenen Spuks ist „unerhört" genug. Hier haben wir es mit dem **erzählerischen Kern** von Kleists Novelle zu tun: dem sich einmal in der Realität ereignenden und sich dreimal geisterhaft wiederholenden Gang der alten Frau durch das Zimmer.

Mit dem erzählerischen Kern hat man zugleich den Schlüssel zur ersten **Arbeitshypothese**, dem ersten Deutungsansatz. Wenn es, wie man annehmen kann, Heinrich von Kleist mit seiner Geschichte nicht um eine Rehabilitierung des Gespensterglaubens ging, stellt sich die Frage, was dann die Bedeutung dieses erzählerischen Kerns ist. Ziehen Sie möglichst mehrere Möglichkeiten in Betracht; die Novelle wird dann für Sie vielseitiger! Es bieten sich mehrere Möglichkeiten zur Erklärung für den Weg der Spukerscheinung an:

a) Der innere Nachvollzug des Leidens der Greisin durch den Marchese, was schließlich zu dessen Selbstzerstörung führt. Ein Problem dabei ist aber, dass auch der florentinische Ritter mit der Geistererscheinung seine Probleme hat.
b) Sie ist ein Sinnbild für den Fluch der Herzlosigkeit, der seit der Tat auf dem Haus und damit auch auf seinen Eigentümern liegt.
c) Sie ist ein Zeichen für die Unendlichkeit von Schuld bis zum Moment ihrer Sühne.

Welche Erklärung erscheint Ihnen am einleuchtendsten? Begründen Sie Ihre Absicht!

2.17 Worin besteht die „unerhörte Begebenheit" in Heinrich Bölls Novelle?

2.18 Bestimmen Sie die Bedeutung der Waage als „Dingsymbol" in Heinrich Bölls Novelle.

2. INTERPRETATIONSSCHRITTE

2.4 Strukturierende Mittel untersuchen

Neben der Handlung und den Personen sind für die Gestaltung und Aussage eines Textes entscheidende Bestandteile die strukturierenden Mittel: Perspektive, Raum und Zeit. Die Perspektive sagt etwas über Parteilichkeit und Unparteilichkeit gegenüber der Handlung aus; je nachdem, wie weit der Erzähler in das Geschehen involviert ist, kann er bestimmte Aspekte herausheben oder zurücknehmen, kann er direkt Stellung beziehen oder sich neutral verhalten. Damit ist die Erzählhaltung ein wichtiges Mittel für das Verständnis der jeweiligen Geschichte.

Räume, ihre Größe und z. B. ihre Einrichtung sagen etwas aus über die Menschen, die in ihnen leben, ebenso wie über Handlungen, die mit ihnen verbunden werden.

Auch die Zeitgestaltung trägt auf ihre Weise zum Verständnis eines Textes bei: Was wird, etwa durch Zeitdehnung, besonders hervorgehoben, was wird schnell abgehakt oder übergangen?

a) Perspektive

Stellen Sie sich die Situation eines Verkehrsunfalls vor. Verfassen Sie einen kurzen Text aus der Sicht
• eines Unfallbeteiligten,
• eines Unfallzeugen,
• der Polizei.
Charakterisieren Sie die Unterschiede zwischen den Texten.
(Ohne Lösungsvorschlag)

2.19

Erzählperspektive und Erzählsituation

Der Autor hat unterschiedliche Mittel, den Inhalt einer Geschichte zu vermitteln. Eine wichtige Position nimmt dabei der **Erzähler** ein, der mit dem Autor nicht verwechselt werden darf. Der Erzähler kann eine Geschichte aus ganz unterschiedlichen Sichtweisen, **Erzählperspektiven**, wiedergeben. Er kann in der Geschichte als eine der beteiligten Personen direkt anwesend sein, er kann das Geschehen kommentieren oder aber sich ganz und gar dahinter zurückziehen. Nach der vom Erzähler eingenommenen Perspektive bezeichnet man auch die

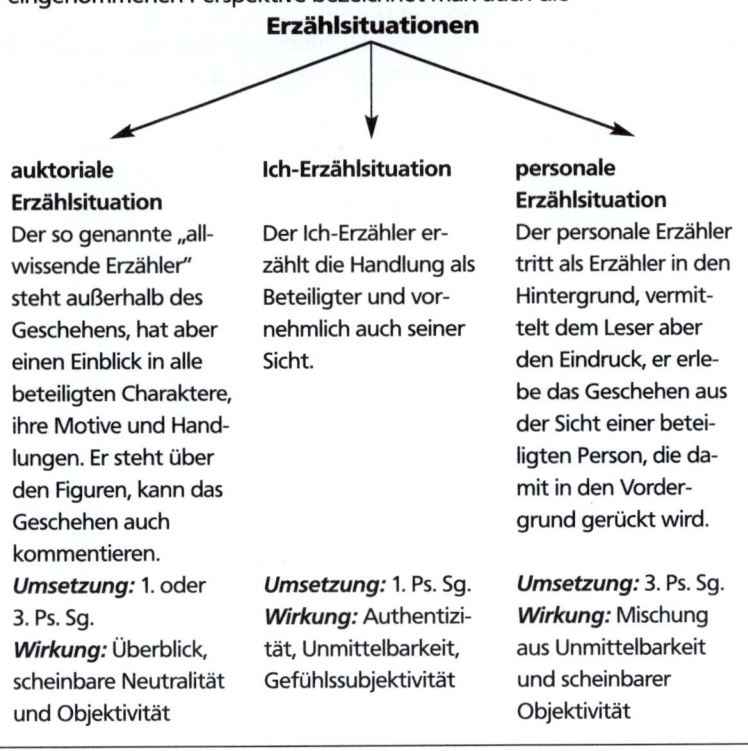

Erzählsituationen

auktoriale Erzählsituation	Ich-Erzählsituation	personale Erzählsituation
Der so genannte „allwissende Erzähler" steht außerhalb des Geschehens, hat aber einen Einblick in alle beteiligten Charaktere, ihre Motive und Handlungen. Er steht über den Figuren, kann das Geschehen auch kommentieren.	Der Ich-Erzähler erzählt die Handlung als Beteiligter und vornehmlich auch seiner Sicht.	Der personale Erzähler tritt als Erzähler in den Hintergrund, vermittelt dem Leser aber den Eindruck, er erlebe das Geschehen aus der Sicht einer beteiligten Person, die damit in den Vordergrund gerückt wird.
Umsetzung: 1. oder 3. Ps. Sg. *Wirkung:* Überblick, scheinbare Neutralität und Objektivität	*Umsetzung:* 1. Ps. Sg. *Wirkung:* Authentizität, Unmittelbarkeit, Gefühlssubjektivität	*Umsetzung:* 3. Ps. Sg. *Wirkung:* Mischung aus Unmittelbarkeit und scheinbarer Objektivität

2.20 Wie steht der Erzähler in *Das Bettelweib von Locarno* dem Berichteten gegenüber?

2.21 Bestimmen Sie die Erzählsituation in Kleists Novelle, und verfassen Sie einen Text zur Rolle des Erzählers.

2. INTERPRETATIONSSCHRITTE

In Heinrich Bölls Novelle ist die Erzählsituation etwas komplexer. Bestimmen Sie die Erzählsituation, indem Sie das Verhältnis von Ich-Erzähler („In der Heimat **meines** Großvaters …") und der berichteten Handlung, der Geschichte des Großvaters („**Er** war fleißig und klug …"), berücksichtigen. Beschreiben Sie die besondere Wirkung der gewählten Erzählsituation auf den Leser!

2.22

b) Raum

Ordnen Sie folgende recht allgemein gehaltene Raumbeschreibungen den folgenden „Gefühls- und Menschentypen" zu, wie sie auf der rechten Seite skizziert sind!

2.23

Raum	Gefühl, Menschentyp
1) Spärlich möblierter Raum, mit ausgewählten Einzelstücken bestückt	• stark an Erinnerungen hängender Mensch
2) Weitläufigkeit	• Angst
3) Raum angefüllt mit vielen einzelnen Möbelstücken und Gegenständen	• Repräsentationsfunktion
4) Durcheinander, Unaufgeräumtheit	• „Designer-Typ"
5) Weitläufigkeit, edle, aufeinander abgestimmte Möblierung	• Zerstreutheit
6) Enge	• Großzügigkeit

Die Raumgestaltung bezieht sich natürlich nicht nur auf geschlossene Räume, sondern auch auf die Natur. Die Weite bis zum Horizont kann dabei für den Wunsch nach Freiheit stehen, aber auch für die „Weite des Horizonts" der betreffenden Person.

In welchen Räumen spielt sich die Handlung der Novelle *Das Bettelweib von Locarno* ab?

2.24

Welche Bedeutung haben die einzelnen Räume in Kleists Novelle? Lässt sich hinsichtlich der Größe eine Entwicklung feststellen?

2.25

2. INTERPRETATIONSSCHRITTE

2.26 Das Wesentliche der Handlung spielt sich in dem Zimmer ab, in dem das Bettelweib ums Leben gekommen ist. Notieren Sie **genau**, was sich auf welche Weise in diesem Zimmer ereignet. (Zur Erleichterung können Sie sich auch eine Skizze anfertigen.)

2.27 Wo im Zimmer befindet sich das ‚Grab' des Bettelweibs, wo das ‚Grab' des Marchese? Stellen Sie einen Zusammenhang zwischen den beiden Orten her. (Ohne Lösungsvorschlag)

2.28 Ordnen Sie die folgenden Sätze zu einem zusammenhängenden Text zur Bedeutung der Räume in Kleists Novelle *Das Bettelweib von Locarno*.

Der Gestaltung des Raumes kommt in *Das Bettelweib von Locarno* eine zentrale Bedeutung zu, was die Aussage des Textes unterstützt.
Zunächst ist festzuhalten, dass sich die Räume verengen: Das Bettelweib kommt auf ein Schloss, wird in ein Zimmer geführt, wo es sich in einem Winkel niederlässt, von wo es vom Marchese in einen anderen Winkel gejagt wird und stirbt.
Der Weg zwischen den beiden Winkeln bezeichnet den Leidensweg des Bettelweibs, er wird in der Geschichte dem Marchese und „nach außen" dem Leser immer wieder vor Augen geführt. In der sich steigernden Wahrnehmung des Spukerlebnisses wird er zum Leidensweg des Marchese selbst.
Der Marchese wiederum stirbt in dem Winkel, in dem das Bettelweib sich zunächst niedergelassen hatte.
Damit wird der Zusammenhang von mitleidloser Tat und Sühne wieder hergestellt.
Der Ort, von dem er das Bettelweib vertrieb, wird Jahre später zum Ort seines eigenen Todes.
So liegt räumlich eine kreisähnliche Struktur vor.
Anhand der Raumgestaltung werden das Handeln des Marchese sowie der Konsequenzen daraus plastisch nachvollziehbar.

Zunächst ist festzuhalten, dass sich die Räume verengen: Das Bettelweib kommt auf ein Schloss, wird in ein Zimmer geführt, wo es sich in einem Winkel niederlässt, von wo es vom Marchese in einen anderen Winkel gejagt wird und stirbt. Der Weg zwischen den beiden Winkeln bezeichnet den Leidensweg des Bettelweibs, er wird in der Geschichte dem Marchese und „nach außen" dem Leser immer wieder vor Augen geführt. In der sich steigernden Wahrnehmung des Spukerlebnisses wird er zum Leidensweg des Marchese selbst. Der Gestaltung des Raumes kommt in *Das Bettelweib von Locarno* eine zentrale Bedeutung zu, was die Aussage des Textes unterstützt. So liegt räumlich eine kreisähnliche Struktur vor. An Hand der Raumgestaltung werden das Handeln des Marchese sowie der Konse-

2. INTERPRETATIONSSCHRITTE

quenzen daraus plastisch nachvollziehbar. Der Ort, von dem er das Bettelweib vertreibt, wird Jahre später zum Ort seines eigenen Todes. Der Marchese wiederum stirbt in dem Winkel, in dem das Bettelweib sich zunächst niedergelassen hatte. Damit wird der Zusammenhang von mitleidloser Tat und Sühne wieder hergestellt.

Welche Räume kommen in *Die Waage der Baleks* vor? 2.29

Wie werden diese Räume beschrieben, inwiefern kommt ihnen ein symbolischer Gehalt zu? 2.30

c) Zeit

Sicher kennen Sie aus Übertragungen von Fußballspielen oder anderen Sportereignissen die so genannte „Zeitlupe". Beschreiben Sie, was man darunter versteht und welche Wirkung die „Zeitlupe" hat. 2.31

Vielleicht haben Sie, z. B. im Biologieunterricht, schon einmal einen Film gesehen, in dem sich die Blüte einer Blume in wenigen Minuten öffnet. Dieses Phänomen bezeichnet man als „Zeitraffer". Welche Wirkung hat der „Zeitraffer"? 2.32

> Auch in der Literatur spielt die Zeitgestaltung eine wesentliche Rolle. Es kann ähnlich wie im Film mit Zeitlupe und Zeitraffer gearbeitet werden. Hier sprechen wir jedoch von
> - *Zeitdeckung* (wenn die geschilderten Ereignisse in etwa dem Lesetempo entsprechen),
> - *Zeitdehnung* (wenn die Ereignisse erheblich langsamer verlaufen, als es dem Lesetempo entspricht) und von
> - *Zeitraffung* (wenn die Ereignisse erheblich schneller verlaufen, als es dem Lesetempo entspricht).

Wie würden Sie allgemein, entsprechend den drei Kategorien aus dem Merkkasten, die Zeitgestaltung in *Das Bettelweib von Locarno* bezeichnen? 2.33

Wie viel Zeit vergeht bis zum ersten Spukerlebnis? Beschreiben Sie die Zeitgestaltung in den ersten beiden Absätzen. 2.34

Was lässt sich über den Zeitraum bis zur letzten Spukerscheinung sagen? 2.35

2. INTERPRETATIONSSCHRITTE

2.36 Beschreiben Sie die Mittel der Zeitdehnung in der Gestaltung der vierten Spukerscheinung.

2.37 Fertigen Sie nun eine zusammenhängende Beschreibung der Zeitstruktur in Heinrich von Kleists Novelle *Das Bettelweib von Locarno* an.
(Ohne Lösungsvorschlag)

2.38 Weitere Mittel der Zeitgestaltung in erzählenden Texten sind die **Vorausdeutung** und die **Rückblende**.

Auch die Rückblende ist Ihnen vermutlich aus Filmen bekannt. Zu welchem Zweck wird sie dort eingesetzt?

2.39 Mit der Vorausdeutung verhält es sich etwas schwieriger. Sie ist nicht von vornherein als solche zu erkennen, sondern eigentlich erst vom Ende des Textes her.

Welchen – in vollem Umfang möglicherweise erst nachträglich zu realisierenden – Zweck haben Vorausdeutungen in literarischen Texten?

2.40 Wo gibt es in der *Bettelweib*-Novelle Vorausdeutungen und Rückblenden?

2.41 Fertigen Sie nun eine Darstellung der Zeitstruktur der Novelle *Die Waage der Baleks* an!

2.5 Sprache und Stil

Wenn die Sprache einer der wichtigsten Untersuchungsaspekte von literarischen Texten überhaupt ist, so gilt dies natürlich auch für die Novelle. Die Verwendungsweise der Sprache konstituiert den individuellen Stil eines Autors bzw. eines Textes. Als Stil bezeichnet man die „einheitliche Darstellungs- und Ausdrucksweise" eines poetischen Textes.[4] Für die Textinterpretation kommen v. a. zwei Aufgaben in Frage:
1. Aufweisen der Stilmittel
2. Deutung des Ausdruckswertes dieser Stilmittel innerhalb des Ganzen.

---

[4] Ivo Braak, S. 28

2. INTERPRETATIONSSCHRITTE

Fügen Sie die Begriffe aus dem Kasten in die passende Stelle im Lückentext ein!

2.42

Wortwahl	Satzbau
• Verbalstil • ausdrucksstarke Adjektive oder Adverbien • Nominalstil • Wortarten	• Hypotaxe • Satzarten • lange, kurze oder mittellange Sätze • Satzbau • Parataxe

Neben Wortwahl und Satzbau bestimmt sich der Stil eines Textes im Wesentlichen durch die besonderen **Stilmittel** und **rhetorischen Figuren**. Bei der Analyse der Wortwahl untersucht man einen Text z. B. darauf, ob bestimmte _____ dominieren. Tauchen besonders viele Substantive oder Substantivierungen auf, so spricht man vom _____ _____ , der in seiner Wirkung als **verknappend** und **sachlich** beschrieben wird. Besonders ‚farbig' und **anschaulich** wird ein Text durch die Verwendung von _____ _____ _____ _____ .

Liegt die Betonung auf dem Fortgang und der Vielseitigkeit der Handlung, werden sich besonders viele Verben finden; man spricht dann vom

_____ .

Ein weiteres wichtiges Charakteristikum des Stils ist der _____ _____ . Ein Kriterium dabei ist die Satzlänge: Enthält der Text vorwiegend _____ , _____ oder _____ _____ ?

Darüber hinaus stellt sich die Frage, wie die Sätze miteinander verbunden sind. So spricht man, wenn viele Hauptsätze nebeneinander stehen, von

_____ . Sie bewirkt oft den Eindruck des unverbundenen Nebeneinanders, des wie Aufgezählten. Besteht dagegen der Text zum überwiegenden Anteil aus Satzgefügen (Haupt-

33

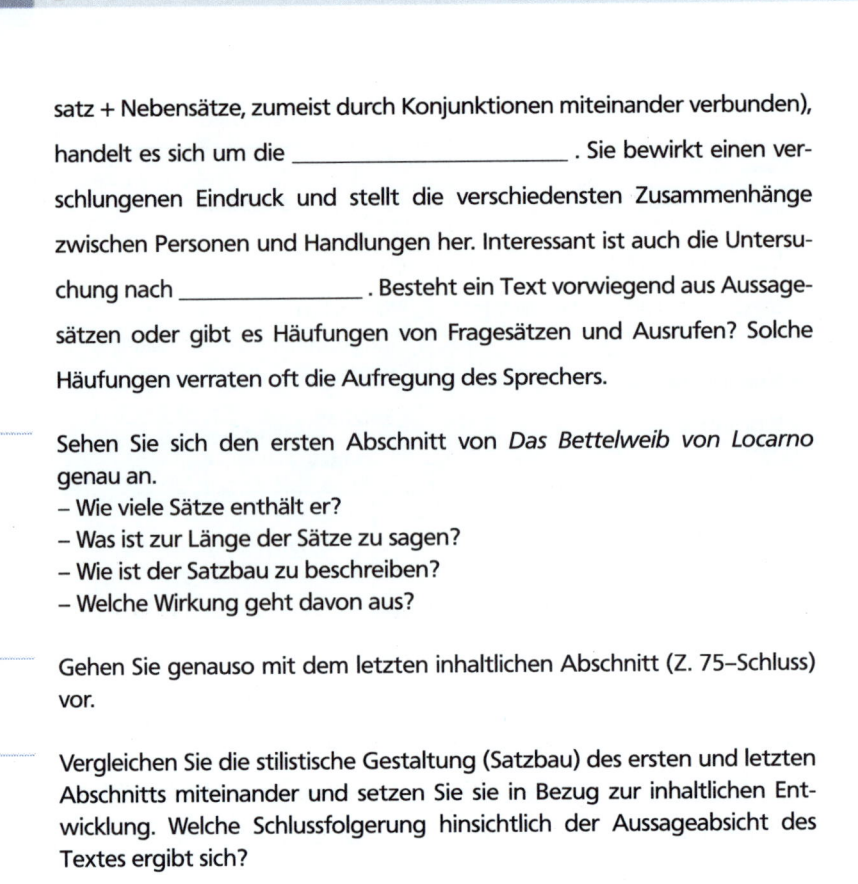

satz + Nebensätze, zumeist durch Konjunktionen miteinander verbunden), handelt es sich um die _____ . Sie bewirkt einen verschlungenen Eindruck und stellt die verschiedensten Zusammenhänge zwischen Personen und Handlungen her. Interessant ist auch die Untersuchung nach _____ . Besteht ein Text vorwiegend aus Aussagesätzen oder gibt es Häufungen von Fragesätzen und Ausrufen? Solche Häufungen verraten oft die Aufregung des Sprechers.

2.43 Sehen Sie sich den ersten Abschnitt von *Das Bettelweib von Locarno* genau an.
– Wie viele Sätze enthält er?
– Was ist zur Länge der Sätze zu sagen?
– Wie ist der Satzbau zu beschreiben?
– Welche Wirkung geht davon aus?

2.44 Gehen Sie genauso mit dem letzten inhaltlichen Abschnitt (Z. 75–Schluss) vor.

2.45 Vergleichen Sie die stilistische Gestaltung (Satzbau) des ersten und letzten Abschnitts miteinander und setzen Sie sie in Bezug zur inhaltlichen Entwicklung. Welche Schlussfolgerung hinsichtlich der Aussageabsicht des Textes ergibt sich?

2.46 Charakterisieren Sie nun abschließend den Satzbau der Novelle.

In welcher Weise die **Wortwahl** des Stils eines Textes mitbestimmt, wurde bereits im oben stehenden Lückentext angesprochen. Für die Untersuchung der Wortwahl gibt es ein ebenso einfaches wie gutes Verfahren: Schreiben Sie sich die wichtigsten Personen bzw. Motive des Textes heraus und notieren Sie sich dazu **wörtlich** die charakterisierenden Adjektive, Adverbien, Nominalgruppen und Teilsätze. Aus der tabellarischen Übersicht können Sie ersehen, wie die quantitative Verteilung ist, vor allem aber **wie** die entsprechenden Figuren und Motive näher beschrieben und mit welchen Eigenschaften sie versehen werden.

2.47 In der gesamten Novelle sind der Marchese und die alte Frau Gegenspieler. Sammeln Sie aus dem ersten Abschnitt alle Begriffe und (Teil-)Sätze, mit denen sie bezeichnet werden, und tragen Sie sie in folgende Tabelle ein.

2. INTERPRETATIONSSCHRITTE

Marchese	Bettelweib
→ (Eindruck)	→ (Eindruck)

Welche Schlussfolgerung lässt sich aus dem Zusammengetragenen ziehen? Welcher Eindruck wird mit welchen Mitteln der Wortwahl von den beiden Figuren erzielt? 2.48

Wie wird die Dramatik des Schlussteils sprachlich umgesetzt? 2.49

Tragen Sie die Verben von Z. 76–88 zusammen und bestimmen den von ihnen ausgehenden Eindruck. 2.50

Verbformen	Eindruck

Verfassen Sie nun eine zusammenhängende Analyse des Stils von *Das Bettelweib von Locarno*. 2.51

2. INTERPRETATIONSSCHRITTE

2.52 Untersuchen Sie nun eigenständig den Stil der Novelle *Die Waage der Baleks* und beschreiben Sie ihn in einem zusammenhängenden Text.

Stilanalyse	
Kriterien: Satzbau +	Wortwahl
↓	↓
Satzlänge; Parataxe, Hypotaxe?	dominierende Wortart? Nominalstil, Verbalstil?
↓	↓
einfacher, nüchterner, unverbundener oder komplizierter, verschlungener Satzbau?	„Färbung", Ausdrucksgehalt der Wörter?
↓	↓
Satzarten (Frage-, Ausrufe-, Aussagesätze)	Wertung der Figuren oder Handlungsmotive?
↓	
Grad der Aufregung, Unsicherheit oder Bestimmtheit?	

2.6 Charakterisieren
2.6.1 Die (Haupt-)Figuren charakterisieren

2.53 Welchen Eindruck macht auf Sie der Marchese in Kleists Novelle?

- unbeherrscht
- herrschsüchtig
- geltungsbedürftig
- leidenschaftlich
- menschlich
- mitleidlos
- herrisch
- unreflektiert
- brutal
- verrückt, wahnsinnig
- hochmütig
- unbesonnen
- unvernünftig
- …

Mehrfachnennungen und Ergänzungen möglich!
Bitte begründen Sie Ihre Ansicht!

Um die Handlung und die Aussage eines Textes voll zu erfassen, ist es nötig, sich einen gründlichen Eindruck vor allem von den Hauptpersonen, aber auch von Nebenfiguren einer Geschichte zu verschaffen. Dem dient die Charakterisierung der Personen. Sie erfolgt sowohl innerhalb des betreffenden Textes als auch explizit im Interpretationsaufsatz.
In einem literarischen Text kann eine Figur direkt oder indirekt charakterisiert werden.

2. INTERPRETATIONSSCHRITTE

Überlegen Sie, welche der folgenden Aspekte zur direkten und welche zur indirekten Charakterisierung einer literarischen Figur gehören und ordnen Sie die genannten Aspekte in die vorgegebene Tabelle ein!

Aussagen der Figur, die über ihre Wesensart Aufschluss geben – äußere Erscheinungsweise (Kleidung, Körperhaltung, Aussehen) – Beschreibung von Handlungen, Verhaltensweisen oder Äußerungen durch den Erzähler – Äußerungen der Figur über sich selbst – sozialer Stand der Figur – Verhalten und Handeln der Figur – Kommentierung von Handlungen, Verhaltensweisen oder Äußerungen durch andere Figuren

2.54

Direkte Charakterisierung	Indirekte Charakterisierung

2. INTERPRETATIONSSCHRITTE

> **Die Charakterisierung einer literarischen Person**
> Eine literarische Figur zu charakterisieren bedeutet, ihr Äußeres und ihre Wesensart, so wie sie im Text erscheint, zu beschreiben und von da aus Rückschlüsse auf die Aussageabsicht des Textes zu ziehen. Zur Beschreibung der äußeren Erscheinung gehören Selbstverständlichkeiten wie das **Geschlecht** und das **Alter** der Figur, aber auch **Aussehen, Kleidung** und **Habitus** (Haltung; Art des Auftretens). Von Bedeutung, vor allem auch in Beziehung zu anderen Figuren des Textes, ist die **soziale Situation: Herkunft, Beruf, Familienstand, soziales Umfeld, Freunde** sind hier wichtige Kriterien.
> Neben diesen Gegebenheiten ist auch das **konkrete Verhalten** der jeweiligen Figur von Bedeutung: Wie verhält sie sich anderen gegenüber? Wie wird sie von anderen wahrgenommen? Wovon sind konkrete Verhaltensweisen bestimmt? Wie spricht die Figur, welche scheinbar nebensächlichen Eigenarten und Gewohnheiten zeigt sie?
> Auch die **Interessen** und **Gefühle**, kurz die **seelische Disposition** der Figur, sind von Bedeutung für die Charakteristik.
> Charakteristiken sind **sachlich** und im **Präsens** zu verfassen.

2.55 Die Hauptfigur in der Novelle *Das Bettelweib von Locarno* ist der Marchese. Im Folgenden werden einige seiner Verhaltensweisen aufgeführt, wie sie im Text beschrieben werden. Welche Eindrücke rufen sie hervor?

Er vertreibt die alte Frau aus der Ecke, in der sie liegt, hinter den Ofen.	
Er ist durch Krieg und Unglück in schwierige Vermögensumstände geraten.	
Er ist über die Reaktion des Ritters erschrocken, lacht ihn aber aus.	
Er beschließt, durch den „Selbstversuch" dem Spukglauben ein Ende zu machen.	
Er erschrickt, als er den Spuk vernimmt, und vertraut sich seiner Frau an.	

2. INTERPRETATIONSSCHRITTE

Er unterdrückt in der Gegenwart seiner Bediensteten seine Erschütterung.	
Vor dem entscheidenden Spukereignis bewaffnet er sich.	
Beim letzten Spukereignis zündet er das Schloss an und tötet sich selbst.	

Fertigen Sie eine zusammenhängende Charakteristik des Marchese an. Achten Sie darauf, dass Sie sich bei Ihren Beobachtungen auf den Text beziehen!

2.56

Verfassen Sie nun eine eigenständige Charakterisierung des Großvaters in Heinrich Bölls Novelle.

2.57

2.6.2 Personenkonstellation

Welche anderen Figuren außer dem Marchese treten in *Das Bettelweib von Locarno* auf?

2.58

Die Beziehung der einzelnen Personen zueinander bezeichnet man als **Personenkonstellation**. Es ist sinnvoll, sich über die Personen und ihre Beziehungen zueinander einen Überblick zu verschaffen. Geeignet dazu ist eine Skizze.

Geben Sie den Pfeilen in der folgenden Skizze eine Richtung und benennen Sie ihre Eigenart, indem Sie ein treffendes Adjektiv oder Substantiv dazu notieren.

2.59

Personenkonstellation *Das Bettelweib von Locarno*

- Marchese
- Marquise
- florent. Ritter
- Hund
- Bedienter
- Bettelweib

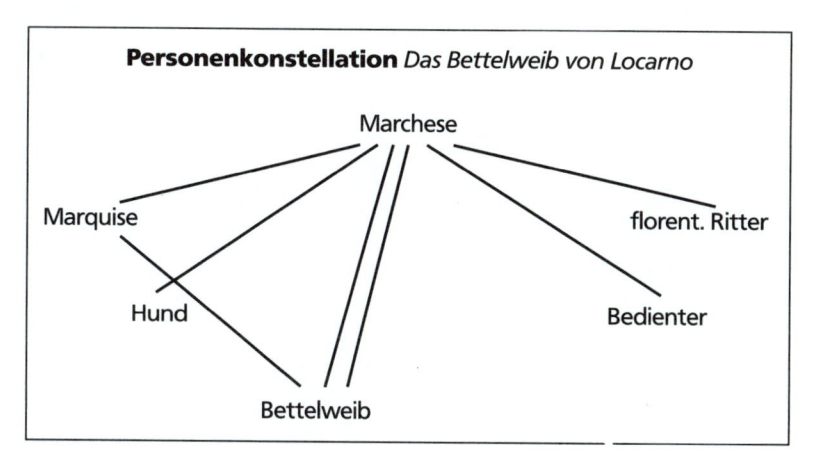

2. INTERPRETATIONSSCHRITTE

2.60 Die eigentliche Gegenspielerin des Marchese ist das Bettelweib, auch wenn die alte Frau schon zu Beginn der Novelle stirbt.
Wie schätzen Sie diese Einsicht ein?
Wenn Sie ihr zustimmen, geben Sie eine kurze Begründung.

2.61 Verfassen Sie einen kurzen Text zur Bedeutung der Nebenfiguren in Kleists Novelle *Das Bettelweib von Locarno*.

2.62 Beschreiben Sie die Personenkonstellation in der Novelle *Die Waage der Baleks*.

3. Die Interpretation einer umfangreichen Novelle

Die grundlegenden Schritte zur Interpretation von erzählenden Texten im Allgemeinen und von Novellen im Besonderen konnten Sie zuvor an Hand zweier übersichtlicherer Texte einüben. Allerdings sind die meisten Novellen, die im Unterricht behandelt werden, länger. Ein Umfang von 80–100 Seiten ist dabei keine Seltenheit. Im Rahmen einer Klausur werden Sie es i. d. R. mit der Interpretation eines oder mehrerer Auszüge zu tun haben. Dabei ist neben den üblichen Aufgaben der Textanalyse und -interpretation die Stellung des Ausschnitts im Kontext der Gesamthandlung zu berücksichtigen.

Im Folgenden sollen die einzelnen Schritte der Interpretation von Textauszügen in Verbindung mit novellenspezifischen Aspekten an Hand von vier Auszügen aus Martin Walsers Novelle *Ein fliehendes Pferd* aus dem Jahr 1978[5] eingeübt werden.

Inhaltsangabe *Ein fliehendes Pferd*

Schon seit Jahren verbringen Helmut Halm, Studienrat an einem renommierten Gymnasium, und seine Frau Sabine ihren Urlaub am Bodensee. Während sie von ihrem Café-Tisch aus dem Treiben auf der Uferpromenade zusehen, bleibt vor ihrem Tisch ein Paar stehen und spricht sie an. Es ist Helmuts ehemaliger Schul- und Studienkollege Klaus Buch, ca. 46 Jahre alt, Journalist, mit seiner wesentlich jüngeren, zweiten Frau Helene. Nur mit Widerwillen beginnt Helmut die über 20 Jahre alten Erinnerungen anzuerkennen, die Klaus ihm vorträgt.

Trotz scheinbarer Gemeinsamkeiten führt im Innern von Helmut doch kein Weg zu Klaus. Während die Buchs von einer Aktivität zur nächsten jagen (Segeln, Tennis usw.), lieben die Halms ihre Ruhe (Straßencafés und Bücher). Helmut hat Angst, seine Gewohnheiten gegen dieses Paar nicht verteidigen zu können, während seine Frau Sabine die beiden als „erfrischend" bezeichnet. Klaus Buch verplant bald das Programm der Halms mit gemeinsamen Aktivitäten, Abendessen, Segeln und so fort. Hier werden die zwei konträren Lebensweisen sichtbar: Die Halms trinken schweren Burgunder und rauchen, sie haben zwei Kinder und einen Hund. Die Buchs brauchen ihre Unabhängigkeit, rauchen nicht, trinken Mineralwasser und halten sich fit durch Sport.

Helmut spielt die Rolle des Jugendfreundes. Nur ein einziges Mal bewundert er Klaus Buch. Auf einem gemeinsamen Spaziergang rast den Vieren ein Pferd entgegen, der Bauer kann es nicht aufhalten. Als das

[5] Martin Walser: *Ein fliehendes Pferd*. Novelle, Frankfurt a. M. (suhrkamp taschenbuch 600), 1. Aufl., 1980

Info

Walser, Martin (* 1927 Wasserburg): nach Militärdienst und Kriegsgefangenschaft Studium der Germanistik und Promotion, nach publizistischer Tätigkeit ab 1957 schriftstellerisch tätig, v. a. Romane, aber auch Dramen und Essays. Themen: Auseinandersetzung mit der Gesellschaft im Nachkriegsdeutschland (Kritik des Wirtschaftswunders) und mit der Problematik der Ich-Identität. Hauptwerke: *Ehen in Philippsburg* (1957), die Anselm-Kristlein-Trilogie (*Halbzeit* [1960], *Das Einhorn* [1966], *Der Sturz* [1973]), *Ein fliehendes Pferd* (1978), *Ein springender Brunnen* (2000). Aufsehen erregten Walsers Rede zur Verleihung des Friedenspreises des Deutschen Buchhandels 1999, in der er sich gegen die Instrumentalisierung des Holocausts als „Moralkeule" wendete, und seine persönlich gefärbte Abrechnung mit dem „Literaturpapst" M. Reich-Ranicki in dem Roman *Tod eines Kritikers* (2002).

3. DIE INTERPRETATION EINER UMFANGREICHEN NOVELLE

Pferd am Wiesenrand stehen bleibt, nähert sich Klaus Buch vorsichtig von hinten und springt auf das Pferd, noch ehe es davongaloppiert. Klaus wird als Held von allen bewundert und sein Mut gelobt. „Einem fliehenden Pferd kannst du dich nicht in den Weg stellen. Es muss das Gefühl haben, sein Weg bleibt frei. Und: Ein fliehendes Pferd lässt nicht mit sich reden" (S. 90), erklärt Klaus Buch.

Trotzdem bleibt die Kluft zwischen den beiden. Das Geschehen eskaliert auf einer Segeltour, die Klaus und Helmut ohne die Frauen auf dem Bodensee machen.

Als Klaus gerade plant, „mit Helmut auf die Bahamas auszusteigen" und „alle Brücken abzubrechen" (S. 107), kommt ein Unwetter auf. Der Sturm wird immer heftiger. Helmut hat Angst vor den riskanten Manövern, die Klaus mit steigender Abenteuerlust gegen den Wind startet. Plötzlich läuft Wasser über Bord, Helmut stößt Klaus die Pinne aus der Hand, das Boot schießt in den Wind und Klaus geht über Bord.

Helmut kehrt unversehrt zu Sabine zurück, Klaus bleibt verschwunden. Helene besucht kurze Zeit später die Halms. Die Rollen wechseln. Die Halms haben sich Jogging-Anzüge gekauft und beschließen, aktiv zu werden. Währenddessen trinkt Helene Calvados und raucht, als sie die Halms besucht. Sie redet über ihr Leben mit Klaus. Früher war sie Musikstudentin und wollte Pianistin werden. Doch als sie Klaus kennen lernte, musste sie sich zwischen ihm und der Musik entscheiden. Sie gesteht, dass sie nie leben durfte, wie es ihr beliebte. Sie tauschte alles ein gegen die Isolation mit Klaus, dem alles so schwer fiel. Beruflich schaffte Klaus es nicht, daher sein Traum vom Aussteigen. Helene war seine Bestätigung.

Plötzlich kehrt Klaus zurück. Angesichts der Tatsache, dass Helene ein „Geständnis" über ihr Leben mit Klaus abgelegt hat, sagt Klaus nur „komm jetzt" (S.106/107). Die Buchs gehen fort, ohne ein weiteres Wort an Sabine und Helmut zu richten.[6]

3.1 Welche der folgenden Näherbestimmungen würden Sie als **Thema** als Erstes in Betracht ziehen?
- Die Geschichte und das Ende einer Freundschaft
- Existenzkrisen und ihre Bewältigung
- Gründe und Aufklärung eines misslungenen Mordes
- Probleme in der Partnerschaft zwischen Mann und Frau

Bitte begründen Sie die Auswahl, die Sie getroffen haben, und formulieren Sie einen einleitenden Satz für die Interpretation.

---

[6] Inhaltsangabe nach E. Nordmann: *Erläuterungen zu Martin Walser: Ein fliehendes Pferd*, Hollfeld, 5. Aufl., 1999 (= Königs Erläuterungen und Materialien Bd. 376), S. 19–21

3. DIE INTERPRETATION EINER UMFANGREICHEN NOVELLE

Wie würden Sie nach der Zusammenfassung den **Aufbau** der Novelle *Ein fliehendes Pferd* beschreiben?

3.2

a) Die Einleitung

Die **Einleitung** hat in einer Novelle wie in anderen poetischen Texten die Funktion der Einführung in die Handlung und die sie tragenden Charaktere. Damit kommt ihr naturgemäß eine wichtige Bedeutung zu. Die Einleitung lässt sich (wie auch der Schluss) auf zweierlei Weise gestalten:
a) **abgerundet** bzw. **geschlossen**, d. h. es werden Informationen über besondere Umstände der Handlung oder eine evtl. Vorgeschichte gegeben, oder
b) **offen**, d. h. die Einleitung setzt mitten in der Handlung ein und geht nicht auf eine Vorgeschichte o. Ä. ein.

Versuchen Sie so allgemein wie möglich die Wirkung der geschlossenen und der offenen Einleitung auf den Leser zu bestimmen.

3.3

Um welchen Typ Einleitung handelt es sich in den beiden Novellen von Heinrich v. Kleist und Heinrich Böll? Skizzieren Sie auch hier knapp die Wirkung. Im Folgenden lesen Sie die Einleitung zu Martin Walsers Novelle *Ein fliehendes Pferd*:

3.4

Plötzlich drängte Sabine aus dem Strom der Promenierenden hinaus und ging auf ein Tischchen zu, an dem noch niemand saß. Helmut hatte das Gefühl, die Stühle dieses Cafés seien für ihn zu klein, aber Sabine saß schon. Er hätte auch nie einen Platz in der ersten Reihe genommen. So dicht an den in
5 beiden Richtungen Vorbeiströmenden sah man doch nichts. Er hätte sich möglichst nah an die Hauswand gesetzt. Otto saß auch schon. Zu Sabines Füßen. Er sah aber noch zu Helmut herauf, als wolle er sagen, er betrachte sein Sitzen, so lange Helmut sich noch nicht gesetzt habe, als vorläufig. Sabine bestellte schon den Kaffee, legte ein Bein über das andere und schaute
10 dem trägen Durcheinander auf der Uferpromenade mit einem Ausdruck des Vergnügens zu, der ausschließlich für Helmut bestimmt war. Er verlegte seinen Blick auch wieder auf die Leute, die zu dicht an ihm vorbeipromenierten. Man sah wenig. Von dem Wenigen aber zu viel. Er verspürte eine Art hoffnungslosen Hungers nach diesen hell- und leicht bekleideten Braun-
15 gebrannten. Die sahen hier schöner aus als daheim in Stuttgart. Von sich selbst hatte er dieses Gefühl nicht. Er kam sich in hellen Hosen komisch vor. Wenn er keine Jacke anhatte, sah man von ihm wahrscheinlich nichts als seinen Bauch. Nach acht Tagen würde ihm das egal sein. Am dritten Tag noch nicht. So wenig wie die grässlich gerötete Haut. Nach acht Tagen würden
20 den Sabine und er auch braun sein. Bei Sabine hatte die Sonne bis jetzt noch

3. DIE INTERPRETATION EINER UMFANGREICHEN NOVELLE

nichts bewirkt als eine Aufdünsung jedes Fältchens, jeder nicht ganz makellosen Hautstelle. Sabine sah grotesk aus. Besonders jetzt, wenn sie voller Vergnügen auf die Promenierenden blickte. Er legte eine Hand auf ihren Unterarm. Warum mussten sie überhaupt dieses hin- und herdrängende
25 Dickicht aus Armen und Beinen und Brüsten anschauen? In der Ferienwohnung wäre es auch nicht mehr so heiß wie auf dieser steinigen, baumlosen Promenade. Und jede zweite Erscheinung hier führte ein Ausmaß an Abenteuer an einem vorbei, dass das Zuschauen zu einem rasch anwachsenden Unglück wurde. Alle die hier vorbeiströmten, waren jünger. Schön wäre
30 es jetzt hinter den geraden Gittern der Ferienwohnung. Drei Tage waren sie hier, und drei Abende hatte er Sabine in die Stadt folgen müssen. Jedesmal auf diese Promenade. Leute beobachten fand sie interessant. War es auch. Aber nicht auszuhalten. Er hatte sich vorgenommen, Kierkegaards Tagebücher zu lesen. Er hatte alle fünf Bände dabei. Wehe dir, Sabine, wenn er nur
35 vier Bände schafft. Er wusste überhaupt nicht, was Kierkegaard in seinen Tagebüchern notiert hatte. Unvorstellbar, dass Kierkegaard etwas Privates notiert haben konnte. Er sehnte sich danach, Kierkegaard näher zu kommen. Vielleicht sehnte er sich nur, um enttäuscht werden zu können. Er stellte sich diese tägliche, stundenlange Enttäuschung beim Lesen der Tage-
40 bücher Kierkegaards als etwas Genießbares vor. Wie Regenwetter im Urlaub. Wenn diese Tagebücher keine Nähe gestatteten, wie er fürchtete (und noch mehr hoffte), würde seine Sehnsucht, diesem Menschen näher zu kommen, noch größer werden. Ein Tagebuch ohne alles Private, etwas Anziehenderes konnte es nicht geben. Er musste Sabine sagen, dass er ab morgen die
45 Abende nur noch in der Ferienwohnung verbringen werde. Er hätte zittern können vor Empörung! Er hier auf dem zu kleinen Stuhl, Leute anstierend, während er in der Ferienwohnung …[7]

3.5 Um welche Art von Einleitung handelt es sich? Welche Wirkungsabsicht vermuten Sie?

3.6 Man kann nicht sagen, dass man in dieser Einleitung direkt in die Handlung hineinversetzt wird. Woran liegt das, und welcher Eindruck entsteht dadurch?

Wenn also die Handlung nicht im Zentrum des Geschilderten steht, dann um so mehr die Charaktere. Da die Charaktere in einem erzählenden Text zumeist **vielschichtig** angelegt sind, sollten Sie, bevor Sie mit der Reinschrift Ihrer Interpretation beginnen, sich einen Überblick verschaffen. Das können Sie am besten mit Hilfe einer **stichwortartigen Tabelle** leisten.

[7] Martin Walser, S. 9 ff.

3. DIE INTERPRETATION EINER UMFANGREICHEN NOVELLE

Tragen Sie in die folgende Tabelle alles ein, was Sie der Einleitung zur Person und zum Verhalten Helmut Halms und seiner Frau Sabine entnehmen können.

3.7

Helmut Halm	Sabine Halm

Beschreiben Sie die Kommunikationsstruktur zwischen den Eheleuten Halm. Wie gehen sie miteinander um, wie schätzen sie den jeweils anderen ein, wie verhalten sich Denken und Handeln bei beiden zueinander?
Ziehen Sie aus Ihren Beobachtungen Schlussfolgerungen für die Aussageabsicht der Einleitung.

3.8

Inhalt und Sprache stehen in einem poetischen Text bekannterweise in Wechselwirkung. Wie Sie aus dem Einführungsteil wissen, sind dabei besonders **Satzbau, Wortwahl** und **stilistische Mittel** bzw. **Bilder** von Belang.

3.9

Welche der genannten Mittel sind für die Einleitung zu Martin Walsers Novelle wichtig?

Beschreiben Sie den Satzbau der Einführung, indem Sie folgende Formulierungen zu Hilfe nehmen:
Parataxe – Häufung einfacher Hauptsätze – stellenweise verkürzte, ungrammatische Sätze – rhetorische Fragen
Gehen Sie auf die mit dieser Gestaltung der Syntax beabsichtigte Wirkung ein.

3.10

Bestimmen Sie die folgenden Bilder und Stilfiguren!

3.11

3. DIE INTERPRETATION EINER UMFANGREICHEN NOVELLE

Textstelle	Stilmittel/Bild	Wirkungsabsicht
„Strom der Promenierenden" (Z. 1)		
„Warum mussten sie überhaupt ...?" (Z. 24 f.)		
„dieses hin- und herdrängende Dickicht aus Armen und Beinen und Brüsten" (Z. 24 f.)		
„ein Ausmaß an Abenteuer ..., dass das Zuschauen zu einem rasch anwachsenden Unglück wurde" (Z. 27 ff.)		
„hinter den geraden Gittern der Ferienwohnung" (Z. 30)		

Stellen Sie einen Zusammenhang zwischen den verwendeten Bildern und der Charakterisierung Helmut Halms in der Einleitung zu Walsers Novelle her.

3.12　Autoren lieben es mitunter, mit den Erwartungen ihrer Leser zu spielen und diese Erwartungen auch bewusst zu enttäuschen. Für die Wirkung (nicht nur) der Einleitung ist das **Verhältnis zwischen Erwartung und tatsächlichem Befund** von Bedeutung.

Welche Erwartungen verbinden Sie gewöhnlich mit einem Urlaubsbeginn? Vergleichen Sie diese Erwartungen mit der Einleitung zu *Ein fliehendes Pferd*.
Geben Sie, ausgehend von diesem Vergleich, eine Beschreibung und Interpretation der Einleitung zu Martin Walsers Novelle.

Zentrales Symbol („Dingsymbol") in Martin Walsers Text ist das titelgebende fliehende Pferd (vgl. u.). Ein anderer Verweis von symbolischem Charakter findet sich jedoch schon in der Einleitung – die Erwähnung des dänischen Philosophen Sören Kierkegaard.

3. DIE INTERPRETATION EINER UMFANGREICHEN NOVELLE

> **Kierkegaard**, Sören Aabye, dän. Philosoph u. Theologe, *5. 5. 1813 Kopenhagen, †11. 11. 1855 Kopenhagen; Sohn eines wohlhabenden Kaufmanns, studierte 1830–1840, schrieb 1841 die Dissertation „Über den Begriff der Ironie mit ständiger Rücksicht auf Sokrates"; hörte 1841/42 bei F. **Schelling** in Berlin. 1840 verlobte sich K. mit Regine Olsen, löste die Verlobung aber bereits 1841 wieder auf. Dieser Bruch, zusammen mit der Schwermut seines Vaters, hat das Schicksal u. Schaffen K.s entscheidend geprägt.
>
> In seinen frühen Werken wird die Erfahrung der Situation des modernen isolierten Reflexionsmenschen dargestellt. (…) Es folgten Schriften, die die Ausnahmesituation, das Verhältnis von Angst, Existenz u. Zeitlichkeit für die Theologie fruchtbar machen u. einen intensiven, für die spätere Existenzphilosophie bestimmenden Angriff auf die Geschichtsphilosophie Hegels u. des zeitgenössischen, in Dänemark auch durch die Romantik geprägten Hegelianismus enthalten. (…)
>
> Alle diese Schriften sind unter Pseudonymen erschienen, die je auf die Absicht des Werkes hindeuten: Viktor Eremita, Johannes de Silentio, Vigilius Haufniensis, Johannes Climacus, Frater Taciturnus u. a. (…) Ab 1846 erfolgte die Auseinandersetzung mit der Öffentlichkeit; (…) ihr entspricht die Besprechung der Novelle *Zwei Zeitalter* in *Eine literarische Anzeige* 1846, die eine vernichtende Anklage der Zeit als Epoche der Nivellierung vorbringt. (…)
>
> Vor allem in Deutschland u. in Frankreich wurde sein Denken aufgenommen. Es beeinflusste maßgeblich die Existenzphilosophie, die dialektische Theologie sowie die neuere französ. Philosophie. Auch in England, Italien u. Spanien ist sein Werk aufgenommen worden, neuerdings in den USA u. Japan.
>
> Neben seinen philosoph. Schriften sind seine Tagebücher u. Aufzeichnungen wichtig.[8]

3.13 Beschreiben Sie unter Berücksichtigung der im Lexikonartikel genannten Hauptaspekte der Philosophie Kierkegaards die Bedeutung, die dieser Philosoph für Helmut Halm haben könnte.

3.14 Im Folgenden finden Sie eine kurze Charakteristik Helmut Halms auf der Basis der Einleitung zu *Ein fliehendes Pferd*. Sie enthält allerdings mehrere Fehler. Finden Sie diese Fehler heraus!
Überarbeiten Sie den Text und fertigen Sie eine Neufassung an!

---

[8] Nach *Lexikodisc*, Version 3.1, Bertelsmann Lexikon Verlag/Bertelsmann Electronic Publishing, Gütersloh/München 1996

3. DIE INTERPRETATION EINER UMFANGREICHEN NOVELLE

Charakteristik Helmut Halm aus Martin Walser: *Ein fliehendes Pferd*
(Grundlage: Einleitung, S. 9 ff.)

Helmut Halm ist ein Mann mittleren Alters, vielleicht zwischen 40 und 50 Jahre alt. Er ist verheiratet mit Sabine und hat einen Hund, Otto. In der Eingangsszene zu Martin Walsers Novelle *Ein fliehendes Pferd* sehen wir ihn in der Fußgängerzone eines Urlaubsorts am Bodensee. Erholung suchend wie alle anderen Urlauber auch, genießt er das Vorbeipromenieren der leicht bekleideten, entspannten Menschen.

Sabine und Helmut Halm scheinen schon lange miteinander verheiratet zu sein. Jedenfalls wirkt ihr Auftreten sehr eingespielt, was sehr harmonisch wirkt. Sie verstehen sich sozusagen „blind", auch wenn nicht alle Interessen gemeinsam sind: Während Helmut eher ein „cooler Typ" ist, der gelassen aus dem Hintergrund das Geschehen beobachtet und kommentiert, liebt Sabine es, in der ersten Reihe zu sitzen, und sei es zum Beobachten der Promenierenden.

Ausgewogen, wie Helmut ist, beurteilt er Menschen objektiv, denn auch seine eigene Frau nimmt er von Kritik nicht aus (Z. 17–19).

Obwohl er einen gewissen sozialen Status innezuhaben scheint (Ferienwohnung, Promenade, Interesse an Philosophie), ist Helmut Halm in der Öffentlichkeit unsicher („Er kam sich in seinen hellen Hosen komisch vor."). Die Menge meidet er und zieht sich auch im Urlaub lieber in ein freiwilliges „Gefängnis" („hinter den geraden Gittern der Ferienwohnung") zurück, als am öffentlichen Leben teilzuhaben. Allerdings tut sich hier ein gewisser Widerspruch auf, denn Leute zu beobachten findet er zwar „interessant", „aber nicht auszuhalten". Es scheint also so, als sei er gehemmt, könne seinen eigenen Wünschen nicht nachgeben.

Sein außergewöhnlicher Charakter zeigt sich auch am Beispiel seiner Urlaubslektüre: Seine Vorliebe für Sören Kierkegaard und die Existenzphilosophie zeigen seinen Bildungsgrad einerseits und seine positive Lebenseinstellung andererseits.

So ist der Eindruck, den man von Helmut Halm am Beginn der Novelle erhält, ein zwiespältiger.

3.15 Verfassen Sie unter Zuhilfenahme des folgenden Gliederungsentwurfs und der dazugehörigen Stichwörter eine zusammenhängende Interpretation der Einleitung von *Ein fliehendes Pferd*. (Ohne Lösungsvorschlag)

3. DIE INTERPRETATION EINER UMFANGREICHEN NOVELLE

Gliederung	Stichwörter
1. Einleitung	Textart, Titel, Autor, Thema des Textes, Ausschnitt, Thema des Ausschnitts
2. Offener Beginn	Eher moderner Beginn; Offenheit betont Ausschnitthaftigkeit; Vorgeschichte uninteressant
3. Handlungsarmut	Interesselosigkeit, Konzentration auf die seelischen Vorgänge
4. Situation	Urlaub; Gegensatz zur ‚klassischen' Urlaubserwartung
5. Helmut Halm	Widersprüchlichkeit (vgl. o.)
6. Helmut Halm und seine Frau Sabine	Eingespieltheit, Routine, aber auch Langeweile
7. Sprache	vorwiegend Parataxe → Bestätigung des routinehaften, nebeneinanderher laufenden Eindrucks
8. Bedeutung des Auszugs	Einführung in Handlung und Charaktere; Spannung erzeugendes Moment: Widersprüchlichkeit der Ehepartner
9. Ausblick	Erwartung, wie sich die Beziehung entwickelt

b) Handlungshöhepunkte

Der Höhepunkt in einem erzählenden Text hat eine doppelte Funktion: Zum einen stellt er einen Gipfelpunkt der Spannung dar, auf den das Geschehen zuläuft. Zum anderen handelt es sich nicht nur um eine oder mehrere besonders spannende Stellen, sondern auch um einen **Punkt inhaltlicher Konzentration**, der durch zuvor angelegte Charaktere und Motive der Handlung vorbereitet wurde. Daher ist auch die **Verbindung** des Höhepunktes **mit den Charakteren und der übrigen Handlung** von großer Bedeutung. Allgemein bietet der Handlungshöhepunkt die Möglichkeit der **genaueren Ausgestaltung der Hauptfigur(en)**. Hier ist bei der Interpretation eines umfangreichen Textes vor allem darauf zu achten, inwiefern diese Figuren eine **Entwicklung** durchlaufen.

3. DIE INTERPRETATION EINER UMFANGREICHEN NOVELLE

> **Untersuchungsaspekte zum Erzählhöhepunkt**
> – Aufbau der Spannung (Wie wurde der Höhepunkt vorbereitet?)
> – Darstellung der Spannungslösung
>   • Detailgenauigkeit
>   • Lebendigkeit
>   • Steigerung
>   • Doppelbödigkeit
> Verbindung mit anderen Teilen des Textes?
> Verhältnis der Hauptfiguren zueinander? Entwicklung?
> Mögliche Erklärung des Titels?
> Bauprinzipien: linear, Kontrast, Sprung zwischen
> verschiedenen Ebenen …?

In Martin Walsers Novelle *Ein fliehendes Pferd* werden die beiden Paare und Otto, der Hund der Halms, Zeugen, als einem Bauern ein Pferd durchgeht. Es rennt auf die Spaziergänger zu und die Situation droht gefährlich zu werden:

Aber in diesem Augenblick, als seine Hand sich dem Gesicht des Pferdes näherte, ging es vorn hoch und raste wieder los. Es raste an den Wanderern im vollen Karacho und mit krachenden Fürzen vorbei. Helmut hatte Mühe, Otto zurückzuhalten. Wahrscheinlich wurde das Pferd durch sein Gekläff
5 noch verrückter. Es war ein schöner, auch auf dem freien Weg immer noch riesiger Fuchs mit einer Blesse im Gesicht. Klaus schrie Otto an: Halt's Maul, Köter! Warf Hel seine Jacke zu und rannte dem Pferd nach. Hel rief halblaut: Nicht, Klaus … Klaus!
Als das Pferd weit draußen wieder zum Stehen kam und am Wiesenrand
10 graste, minderte Klaus sein Tempo. Je näher er dem Pferd kam, desto langsamer ging er. Zuletzt bog er weit aus und näherte sich dem Pferd genau von der Seite. Ganz zuletzt sah man ihn nach der Mähne greifen und schon saß er droben. Das Pferd rannte wieder los. Aber Klaus saß. Klein und eng. Irgendwie anliegend. Weil der Weg zwischen Bäume einbog und abwärts
15 ging, sah man die beiden nicht mehr. Die vom Dorf waren inzwischen bei Helmut und den Frauen angekommen. Einer sagte, das hätte der Bub nicht machen dürfen. Jetzt werde der Braune erst recht nicht nachgeben. Er werde rennen, bis er müde sei. Zum Stehen könne der Bub ihn nicht bringen. Wahrscheinlich werde der Braune den Buben irgendwo abstreifen.
20 Der Bauer hielt Klaus, den er nur aus der Ferne gesehen hatte, offenbar für Helmuts und Sabines Sohn.
Hel hatte sich, als Klaus auf das Pferd gesprungen war, weggedreht. So stand sie noch. Sabine ging zu ihr hin. Schon bog aus der Kurve unter den Bäu-

men Klaus mit dem Braunen hervor. Und als er heran war, stand der Braune. Beide schwitzten. Hel rannte hin. Alle rannten hin. Nur Helmut nicht. Otto wütete wieder, also musste er ihn möglichst weit abseits halten. Klaus übergab das Pferd. Der Bauer sagte: Das hätte letz gehen können. Klaus lachte und sagte: Aber nein. Das ist doch ein Braver. Der ist sicher nur wegen einer Bremse durchgegangen. Der Bauer schüttelte den Kopf, als sei er mit Klaus' Eingreifen immer noch nicht einverstanden. Dann grüßte man einander und alle gingen ihres Weges. Als sie wieder unter sich waren und alle Klaus ihre Bewunderung ausdrückten, sagte der, und legte dabei Hel den Arm um die Schulter: Siehst du, wenn ich den in Meran nicht gepackt hätte, hätte ich vor dem hier Angst gehabt. Das in Meran, erklärte er Helmut und Sabine, war nur ein Haflinger. Und Hel wollte mich zurückhalten. Also, wenn ich mich in etwas hineindenken kann, dann ist es ein fliehendes Pferd. Der Bauer hier hat den Fehler gemacht, von vorne auf das Pferd zuzugehen und auf es einzureden. Einem fliehenden Pferd kannst du dich nicht in den Weg stellen. Es muss das Gefühl haben, sein Weg bleibt frei. Und: Ein fliehendes Pferd lässt nicht mit sich reden. Klaus machte große schöne Bewegungen und redete in festen Sätzen. Hel schien jetzt kleiner zu sein als er. Helmut stimmte Klaus überschwänglich zu. Das stimmt, rief er, und wie das stimmt. Sabine sagte: Woher weißt denn du das? Ach, sagte er, du hast wohl völlig vergessen, dass ich ein alter Ritter bin, was.

Es fing schon wieder an zu regnen. Da Helmut keinen schützenden Wald mehr versprechen konnte, rannte Klaus Buch, wieder mit nacktem Oberkörper, los, um das Auto zu holen.

Helmut ging zwischen Hel und Sabine. Hel und Helmut, diese Namen kamen ihm plötzlich vor wie zwei Werkstücke, die dafür gemacht sind, zusammengekuppelt zu werden. Er würde sie Helene nennen, wenn er etwas zu sagen hätte. Sie gingen durch eine Gruppe Arbeiter durch, die trotz des Regens ihre Teerarbeiten nicht unterbrachen. Helmut hoffte einen Augenblick lang, dass der so gelegte Asphalt nur aussehen werde wie ein richtiger und sich in Kürze wieder auflösen werde in Schotter und Geröll. Er wünschte eben, dass die auch nur Schein produzierten.

Als man geborgen im Auto saß, sagte Sabine: Klaus, du hast uns gerettet. Klaus sagte zu Hel – diesmal fröhlich, übermütig, parodistisch: Du magst mich nicht mehr, gell. Sie küsste ihn und sagte auch, er habe alle, alle gerettet.[9]

---

[9] Martin Walser, S. 88–91

3. DIE INTERPRETATION EINER UMFANGREICHEN NOVELLE

3.16 An welchen Signalwörtern in Z. 1–8 können Sie erkennen, dass ein erster Höhepunkt in der Novelle angesteuert wird?

3.17 Das Pferd wird als auffallend schön und kraftvoll beschrieben. Versuchen Sie die Intention dieser Beschreibung herauszuarbeiten und darzustellen.

3.18 Klaus Buch setzt sich nicht nur über die Befürchtungen seiner Begleiter, sondern auch über Einwände des Bauern hinweg. Welche Wirkung geht davon aus?

3.19 Skizzieren Sie das Verhalten Helmut Halms und Klaus Buchs stichwortartig in Form einer gegenüberstellenden Tabelle!

Klaus Buch	Helmut Halm
schreit den Hund an	steht abseits, beruhigt den Hund
wirft Hel seine Jacke zu	drückt mit den anderen Klaus seine Bewunderung aus

Bitte beantworten Sie die folgenden Fragen zum vorliegenden Abschnitt:
- Wie begründet Klaus Buch seine Tat?
- Wie wertet er sie aus?
- Wie verstehen Sie vor diesem Hintergrund Helmut Halms Gedanken: „Er wünschte eben, dass sie auch nur Schein produzierten."
- An welchen inhaltlichen Merkmalen kann man erkennen, dass Klaus Buchs Verhalten aufgesetzt ist?

3.20 Vergleichen Sie die Darstellung Helmut Halms in diesem Abschnitt mit seiner Charakterisierung aus der Einleitung.

3.21 Am Ende dieses ersten Erzählhöhepunkts hat es den Anschein, als hätten sich, kaum merklich, die Rollen verschoben. Helmut Halm wirkt zwar auf den ersten Blick nach wie vor passiv, gedankenverloren, nahezu lethargisch, doch scheint er die „Spielregeln" mehr und mehr zu durchschauen, wenngleich er das Geschehen noch nicht aktiv mitbestimmt.
Klaus Buch dagegen zeigt – ausgerechnet auf dem Höhepunkt seines Ansehens – Zeichen von Verunsicherung. Weisen Sie diese Anzeichen von Verunsicherung am Text auf!

3. DIE INTERPRETATION EINER UMFANGREICHEN NOVELLE

Die Textstelle ist nicht nur von Bedeutung als ein erster Höhepunkt der Handlung, sondern auch in Bezug auf die Erläuterung des Titels der Novelle und des „Dingsymbols".

3.22

> „Also, wenn ich mich in etwas hineindenken kann, dann ist es ein fliehendes Pferd. Der Bauer hier hat den Fehler gemacht, von vorne auf das Pferd zuzugehen und auf es einzureden. Einem fliehenden Pferd kannst du dich nicht in den Weg stellen. Es muss das Gefühl haben, sein Weg bleibt frei. Und: Ein fliehendes Pferd lässt nicht mit sich reden."

Beziehen Sie den Ausschnitt aus dem Erzählhöhepunkt auf Klaus' eigene Situation. Versuchen Sie, die folgenden Details in ihrer übertragenen Bedeutung zu verstehen und beziehen Sie sie auf Klaus Buch:

- fliehendes Pferd → _____
- Fehler, von vorne darauf zuzugehen → _____
- Unmöglichkeit, sich ihm in den Weg zu stellen → _____
- „Es muss das Gefühl haben, sein Weg bleibt frei." → _____
- „Ein fliehendes Pferd lässt nicht mit sich reden" → _____

Formulieren Sie nun die Bedeutung des Titels in Form eines zusammenhängenden Textes von ca. drei Sätzen.

Einige Aspekte, auf die Sie vor allem bei der Interpretation von Erzählhöhepunkten achten sollten, sind
- Detailgenauigkeit,
- Lebendigkeit und Emotionalität der Darstellung,
- Steigerung der Spannung,
- Elemente der Spannungslösung.

3.23

Weisen Sie diese Elemente an der Textstelle S. 88–91 nach und tragen Sie sie stichwortartig in die Tabelle ein:

3. DIE INTERPRETATION EINER UMFANGREICHEN NOVELLE

Detailgenauigkeit	Lebendigkeit und Emotionalität

Steigerung der Spannung	Elemente der Spannungslösung

Die Gestaltung erzählerischer Höhepunkte spielt eine besondere Rolle für die **Komposition** des Gesamttextes, d. h. für die Formgebung des Textganzen. Ein weiterer wichtiger Aspekt ist die **stilistische Ausgestaltung**, die den Höhepunkt wahrnehmbar von anderen Passagen der Novelle abhebt.

Hinsichtlich der Komposition wird man sich bei der Interpretation besonders auf den **Aufbau** und die **Darstellungsformen** zu konzentrieren haben. Davon sind insbesondere der **Erzählbericht** und die **Figurenrede** zu nennen. Doch sind auch der **innere Monolog** und die **erlebte Rede** als Mittel der Selbstverständigung einer literarischen Figur von Bedeutung.

Wie diese Mittel zur Anwendung kommen, soll u. a. in der Sprachanalyse des zweiten Erzählhöhepunkts der Novelle von Martin Walser geklärt werden.

3. DIE INTERPRETATION EINER UMFANGREICHEN NOVELLE

Jetzt war der See schon eine hellgrüne und weiß fauchende Fläche. Klaus Buch schrie vor Vergnügen. Helmut dachte, vielleicht ist er wirklich verrückt. Klaus rief Helmut zu, der solle sich auf den Bootskörper setzen. Helmut setzte sich hinauf. Sie schossen jetzt in rauschender Fahrt in Richtung
5 Schweiz. Außer ihnen war kein Boot mehr auf dem See. In Ufernähe sah man segellose Boote wahrscheinlich mit Motorkraft auf die Häfen zustreben. Klaus Buch benahm sich immer mehr wie ein Rodeoreiter. Er unterhielt sich mit dem Wind. Taufte jede Bö, die er herankommen sah, auf einen neuen Namen. Das ist Susi, die uns mit ihren Schenkeln zerquetschen will,
10 hohopp, fier auf, und weg ist sie. Jedes Mal, wenn sie sich von einer Bö aufrichteten, lachte er Helmut glücklich an, tätschelte den Bootskörper und rief: Brav, Zugvogel, brav! Helmut sah, dass es immer schwieriger wurde, den Winddruck durch Manöver und Gewichtsverlagerung auszugleichen. Sie waren von fliegender Gischt längst klatschnass. Er hielt seine Fockschot
15 nur noch am letzten Zipfel. Dicht, brüllte Klaus Buch. Helmut schrie: Du spinnst. Er war ganz sicher, dass das Boot kentern würde, wenn das Vorsegel auch noch unter Druck stünde. Der Wind erzeugte mit dem losen Vorsegel ein hart knallendes Maschinengewehrgeräusch. Vollwarnung, schrie Klaus Buch triumphierend. Tatsächlich, die Lichter liefen mit doppelter Geschwin-
20 digkeit. Hinein jetzt, brüllte Helmut. Klaus Buch brüllte: Feigling. Helmut ertrug die totale Schieflage nicht mehr. Die Wellen liefen schon über Bord. Dieser Klaus Buch war also wahnsinnig. Jetzt hielten sie durch ihr so weit als möglich hinausgelehntes Gewicht und durch loseste Leinen das Boot gerade noch am Rande des Kenterns. Aber der Sturm nahm zu. Das Boot neigte sich
25 schon. Helmut ließ einfach seine Leine los. Das Knallen und Knattern wurde unheimlich. Es war, als schlüge jemand auf sie los. Klaus Buch schrie: Dass du zufrieden bist, wir reffen! Er drehte das Boot mit dem Bug genau in den Wind. Das Boot richtete sich sofort auf. Gott sei Dank. Helmut konnte wieder atmen. Klaus Buch rief: Los, an die Pinne! Nimm sie zwischen die Beine!
30 Halt das Boot genau im Wind! Nicht so zimperlich, Mensch! Nur hingelangt! Als wär's ein Stück von dir! Er lachte und tanzte zum Mast. Helmut wusste nicht, wie er in diesem Toben und Knallen und Knattern mit diesem lächerlichen Stück Holz etwas ausrichten sollte. Er hatte das Gefühl, es sei Mitternacht. Plötzlich spürte er einen Druck auf der Pinne. Das Boot stand
35 nicht mehr genau im Wind. Er ruckte. Aber in die falsche Richtung. Das Großsegel schlug quer weg. Klaus Buch brüllte etwas. Rannte auf Helmut zu, riss dem die Pinne aus der Hand, bückte sich nach Leinen. Helmut hatte das Gefühl, dass das Boot jetzt gleich kentern werde. Spätestens, wenn Klaus Buch das Großsegel wieder hereinholen würde, wenn wieder diese entsetz-
40 liche Lage entstehen würde. Als sich Klaus aufrichtete und mit Pinne und Leine arbeitete, um das Boot wieder unter Kontrolle zu bringen, als das Boot schon wieder anfing, sich zur Seite zu neigen, schrie Helmut: Nicht! Klaus Buch schrie: Wir heben ab! Und lachte. Unmäßig. Und hing in einer furcht-

3. DIE INTERPRETATION EINER UMFANGREICHEN NOVELLE

baren Art über das Boot hinaus. Er lag praktisch auf dem Rücken. Das Boot
hatte wieder die entsetzliche Schräglage erreicht. Es war vorauszusehen,
dass es in den nächsten Sekunden endgültig kentern würde. Komm, Schatz,
brüllte Klaus Buch, ich brauch dein Gewicht. Helmut platzierte sich auf dem
Bootskörper, behielt aber sein Hauptgewicht innerhalb des Cockpits. Klaus
Buch ließ sogar den Kopf noch nach hinten fallen und brüllte zum Himmel
hinauf *Lucy in the sky*. Als Helmut sah, dass die über Bord laufenden Wellen
jetzt gleich ins Cockpit schlagen würden, stieß er mit einem Fuß Klaus Buch
die Pinne aus der Hand. Jetzt passierte alles gleichzeitig. Das Boot schoss
wieder in den Wind. Klaus Buch stürzte rückwärts ins Wasser. Das Boot
richtete sich auf. Der Wind kriegte es von der anderen Seite zu fassen. Helmut duckte sich gerade noch unter dem herüberschlagenden Großsegel
durch. Dann kauerte er am Mast und sah nach Klaus Buch. Bevor der hinunter war, hatte Helmut noch einen Blick von ihm empfangen. Das Großsegel
war losgerissen. Großsegel und Vorsegel flatterten voraus. Der Wind kam
von hinten. Trotz des Geknatters der Segel war es jetzt plötzlich viel ruhiger.
Helmut stand vorsichtig auf, suchte die weißen Wellenkämme und die
dunklen Wellentäler ab. Er brüllte: Klaus! Immer lauter brüllte er: Klaus!
Klaus! Als er das Gefühl hatte, er brülle jetzt nur noch sich zuliebe, hörte er
auf. Sei still, dachte er. Fang jetzt überhaupt nichts an. Sei bloß still. Klaus
müsste sich retten können. Ein solcher Sportler. Sollten sie je kentern, hatte
Klaus doziert, müsse man sich von den Wellen tragen lassen. Nie versuchen,
ein näher liegendes Ufer gegen die Wellen zu erreichen. Es sei überhaupt
kein Problem, MIT den Wellen 5 Kilometer zu schwimmen, aber unmöglich, gegen sie 500 Meter. Überhaupt kein Problem. Also bitte. Idiot.
Schluss. Du hast es nicht gewollt. Du hast es doch nicht gewollt! Also bitte.
Warum verteidigst du dich dann? Du hast es nicht gewollt. Schluss. Klaus
kann sich retten. Du aber nicht. So ist das. Er würde sich an dieses Boot
klammern. Wenn es sinken würde, würde er auch sinken. Aber vielleicht
sank es nicht. Klaus Buch hatte etwas über Auftriebskörper gesagt. Er suchte
nach Stellen, an denen er sich festklammern konnte. Er wollte nicht mehr
hinausschauen. Aber dem Knallen und Knattern nach musste er immer
noch Fahrt machen. Es war jetzt ziemlich dunkel. Es regnete. (...)
Erst als der Kiel plötzlich im Uferkies schürfte, hörte er auf, Töne auszustoßen. Er sprang ins Wasser, watete an Land und ging auf das nächste Licht zu.
Die Leute erschraken. Sie verständigten den Krankenwagen. Sie nötigten
ihn, Tee mit Schnaps zu trinken. Er sei in Immenstaad, sagten sie. Sie riefen
die Wasserschutzpolizei an, damit sofort alles unternommen werde, seinem
Freund zu Hilfe zu kommen. Sie riefen Sabine an. Sie riefen Helene Buch an.
Helmut dachte, es sei das Beste, er selber bleibe apathisch. Klaus hatte in
Unterhomberg gesagt, ein fliehendes Pferd lasse nicht mit sich reden. Er
hatte zugestimmt.[10]

[10] Martin Walser, S. 117–123

3. DIE INTERPRETATION EINER UMFANGREICHEN NOVELLE

Skizzieren Sie den Aufbau der Textpassage, indem Sie für jeden der aufgeführten Sinnabschnitte eine Bestimmung der jeweiligen Funktion für den Aufbau (Steigerung, Anhalten oder Lösung der Spannung) und eine kurze Überschrift formulieren.

3.24

Zeilen	Funktion im Aufbau, Überschrift	Darstellungsform
Z. 1–6		
Z. 7–20 („Feigling")		
Z. 20–25 („… los")		
Z. 25–28 („… auf")		
Z. 28–61 („… ab")		
Z. 61–85		

Ordnen Sie jedem Sinnabschnitt eine vorwiegende Darstellungsform (Erzählbericht, Figurenrede, innerer Monolog, erlebte Rede) zu und tragen Sie sie in die Tabelle ein.

3.25

Beschreiben Sie als Auswertung der tabellarischen Übersicht die Kompositionsstruktur des Textauszugs.

In der nun folgenden Sprachanalyse soll die Darstellung der „unerhörten Begebenheit" – zwei Bekannte aus der Jugendzeit treffen sich, geraten in ein unausgesprochenes Konkurrenzverhältnis, kommen während einer Bootsfahrt in ein Unwetter, wobei der bislang Defensivere den anderen über Bord gehen lässt – einer Mikroanalyse unterzogen werden. Die Grundlage dazu bildet der Abschnitt Z. 28–61.

Versuchen Sie nach nochmaligem Durchlesen der Zeilen 28–61 die Sprache dieses Abschnittes in allgemeiner Hinsicht zu beschreiben.

3.26

Analysieren Sie den Satzbau, indem Sie folgende Aspekte betrachten:
- Liegt ein eher paratraktischer oder ein eher hypotaktischer Satzbau vor?
- In Z. 29–31 folgen sechs Ausrufe aufeinander. Welche Wirkung beabsichtigen sie in Bezug auf den Leser?
- In den Zeilen 28–61 finden sich Ellipsen. Beschreiben Sie deren Wirkungsabsicht!

3.27

57

3. DIE INTERPRETATION EINER UMFANGREICHEN NOVELLE

3.28 Analysieren Sie die Wortwahl in dem Abschnitt Z. 28–61.
Achten Sie auf
- Verben des Sagens, Meinens, Denkens,
- weitere ausdrucksstarke Verben sowie
- Adjektive, die eine Wertung beinhalten.

3.29 Formulieren Sie nun Ihre Beobachtungen zur Sprachgestaltung in Form eines zusammenhängenden Textes. (Ohne Lösungsvorschlag)

3.30 Woran wird – inhaltlich wie sprachlich – deutlich, dass es sich bei der Passage nicht nur um einen Höhepunkt der Erzählung, sondern auch um einen Wendepunkt handelt?

3.31 Die Passage endet mit den Sätzen: „Helmut dachte, es sei das Beste, er selber bleibe apathisch. Klaus hatte in Unterhomberg gesagt, ein fliehendes Pferd lasse nicht mit sich reden. Er hatte zugestimmt." – Erläutern Sie die Bedeutung des Titels in diesen Schlusssätzen des Abschnitts.

c) Der Schluss

Am Ende der Novelle, sozusagen ein zweiter Teil der unerhörten Begebenheit, taucht Klaus Buch plötzlich wieder auf. Sein Erscheinen wirkt auf das Ehepaar Halm und Helene Buch erschreckend und lähmend, denn man hatte sich bereits auf ein Leben ohne ihn eingestellt. Helene hat von ihrer wirklichen Berufung, der Musik, erzählt, Helmut und Sabine sind aus sich herausgetreten, haben ihre Lethargie und Leere überwunden, treiben Sport, kleiden sich entsprechend und wirken dynamischer. Es scheint, als habe Klaus' Tod für alle eine befreiende Wirkung gehabt. Sein plötzliches Auftauchen wirkt daher umso schockierender:

Klaus, schrie Sabine.
Helene sagte, ihre Musik sofort abbrechend, irgendwie ermattend, erlöschend: Mein Klaus, mein lieber, lieber Klaus. Ja, was sag ich denn immer: Lebendig ist er, sag ich, und was ist er: lebendig. Und so spät kommt er. Das
5 sieht ihm gleich. Er hat einfach wissen wollen, was wir tun, wenn er nicht dabei ist. Stimmt's. Schuft. Hab ich euch nicht gesagt, dass er ein Schuft ist. Klaus, bitte such dir einen guten Platz, ich muss bloß noch die Wanderer-Fantasie zu Ende spielen.
Sie fand die Stelle und machte weiter. Aber nicht mehr lang. Sie sah Klaus
10 an, ihn ansehend, füllte sie sich einen Calvados ein, sagte Prost, trank das Glas leer und sah wieder Klaus an.

3. DIE INTERPRETATION EINER UMFANGREICHEN NOVELLE

Klaus sagte: Komm jetzt.
Sie sagte: Hat es dir nicht gefallen? Entschuldige, du stehst da, ein frisch Geretteter, und ich spiele das Piano, ich würde mich nicht wundern, wenn
15 du mich als Egoist einstufen würdest. Du, der du ein den Wellen Entkommener bist. Er besiegt jede Natur. Das habe ich schon im Voraus bekannt gegeben. Stimmt's?
Klaus sagte: Komm jetzt.
Helene sagte: Aber Klaus, lass uns doch noch bei unseren Freunden bleiben.
20 Wir haben doch sowieso keine Badewanne in unserem Zimmer. Hier haben sie auch keine Badewanne. Also können wir doch genau so gut hier bleiben. Dem Schicksal, keine Badewanne zu haben, bleiben wir auf jeden Fall treu. Alles klar.
Ich gehe jetzt, sagte Klaus.
25 Hat dir jemand was getan, sagte sie. Ich seh's, du bist beleidigt. Klaus, schnell, sag deiner Hel, wer dich beleidigt hat. Und zwar ganz arg hat der dich beleidigt. Das seh ich doch. Huh! Durch und durch beleidigt haben sie unseren Klaus. Ich werde dich regenerieren, Liebster, und zwar binnen kurzem. Ich schwöre es dir. Sie zündete sich wieder eine Zigarette an, nahm
30 Helmuts Strohhut vom Haken und setzte sich den auf. Leihst du mir den, sagte sie. Und dann sagte sie: Komm, Genie, tapfer gehen wir.
Helmut und Sabine zuwinkend, ging sie hinaus und nahm dabei Klaus irgendwie mit.
(...)
35 Er schlug das Buch wieder zu. Sabine saß noch genauso wie vorher. Komm jetzt, sagte sie. Wir wollten doch eine Radtour machen. In den Wald. Einen Waldlauf. Komm. Helmut stand auf und sagte: Ich kann so was nicht tragen. Er zog sich um. Während er sich umzog, sagte er zu Sabine, die Fahrräder könne man ja Zürns schenken. Man lasse sie einfach da, man könne sie ja
40 benützen, falls man noch einmal hierher in Urlaub käme.
Er sagte: Bitte, Sabine, zieh dich auch um. Bitte. Sein Ton war wieder genauso fest und dringlich geworden wie der, mit dem er die sportliche Ausrüstung erzwungen hatte.
Als beide umgezogen waren, sagte er: Was hältst du davon, wenn wir jetzt
45 packen? Oder so: Ich packe, du gehst zu Frau Zürn, bezahlst für vier Wochen, lässt dir auf keinen Fall einen Preisnachlass einräumen, sagst, besondere Umstände, wir würden uns, falls wir nächstes Jahr kommen könnten, rechtzeitig und so weiter. Bitte, bitte, Sabine. Im Zug erzähl ich dir alles. Bitte.
50 Sabine setzte sich und sagte, das gehe ihr zu schnell. Er sagte in einem völlig abweisenden, in einem nichts als erpresserischen, ganz glaubhaften Ton: Dann muss ich allein fahren. So, sagte Sabine. Ich möchte doch auch noch eine Rede halten, sagte Sabine. Wann halte denn ich meine Rede, bitte?

3. DIE INTERPRETATION EINER UMFANGREICHEN NOVELLE

Glaubst du vielleicht, ich hätte keine Rede zu halten, Mensch.
Ach du. Einziger Mensch. Sabine. Sagte er. Hör auf, sagte sie.
Richtig, sagte er, im Zug, Sabine, im Zug.
Er fing an zu packen. Allmählich machte sie mit. Als sie zu Zürns ging, rief er ihr nach: ein Taxi, in einer Viertelstunde. Die zierliche Frau Zürn und zwei ihrer großen Töchter standen und winkten, als Helmut, Sabine und
60 Otto abfuhren. Dr. Zürn war, zum Glück, im Allgäu. Am Fahrkartenschalter sagte Helmut:
Zweieinhalb Mal Meran einfach. Meran, sagte Sabine und schüttelte den Kopf. Wieso denn Meran? Halt, Moment, sagte Helmut zu dem Beamten, meine Frau ist nicht einverstanden. Wohin denn dann, fragte Helmut. Nach ...
65 nach Montpellier, sagte Sabine erschöpft. Zweieinhalb Mal Montpellier, einfach, erster, sagte Helmut. Hoffentlich ist es dir da nicht zu heiß, sagte Helmut. Wenn die Mauern so dick sind, sagte Sabine und grinste ein bisschen.
Helmut küsste Sabine vorsichtig auf die Stirn. Otto gab einen Laut, als habe er zu leiden. Sabine sah Helmut so an, dass er sagen musste:
70 Du siehst durch mich hindurch wie durch ein leeres Marmeladeglas. Wart' noch. Im Zug. Sabine sagte: Heute Nacht im Traum hätte ich wissen müssen, wie eine Zahl heißt, die durch keine andere mehr teilbar ist und habe es nicht gewusst. Alle anderen haben es gewusst. Du auch. Aber auch du hast mir nicht geholfen. Er wühlte ein bisschen wiedergutmacherisch in ihren
75 Haaren herum. Der Zug fuhr ein. Helmut sagte zu der farbigen Lokomotive, die ihm vorkam wie ein Ordensgeistlicher: Qui tollis peccata mundi.
Als sie ein Abteil gefunden hatten, in dem sie allein waren, sagte er: Sabine, jetzt können wir bis Basel sitzen bleiben.
Sabine sagte: Ich habe doch Angst vor der Hitze. Was tun wir, wenn es da
80 drunten zu heiß ist.
Ach, sagte Helmut leichthin, Schatten zusammennähen.
Eine Weile saßen sie einander stumm gegenüber wie Fremde. Sie in Fahrtrichtung. Er mit dem Rücken zur Fahrtrichtung.
Was war jetzt eigentlich gestern, sagte sie. Ein Schnellzug hobelte sich
85 vorbei.
Das ist eine längere Geschichte, sagte er und schaute hinaus auf den Rhein. Der Rhein, sagte sie. Sie streckte sich ein wenig. Sie saß in der Abendsonne. Er im Schatten. Er hob den Ton an wie noch nie und sagte: Ach du. Einziger Mensch. Sabine. Er sah, dass sie das gern hörte. Das befähigte ihn zu einer
90 weiteren, für sein Gefühl geradezu sprunghaften Tonanhebung.
Du Angeschienene, du, sagte er. Mit deiner Stärke, von der du nichts weißt. Aus den Jahren herausschauen wie aus Rosen, das sieht dir gleich.
Schön, sagte sie. Und jetzt?
Jetzt fange ich an, sagte er. Es tut mir Leid, sagte er, aber es kann sein, ich
95 erzähle dir alles von diesem Helmut, dieser Sabine.
Nur zu, sagte sie, ich glaube nicht, dass ich dir alles glaube.

3. DIE INTERPRETATION EINER UMFANGREICHEN NOVELLE

Das wäre die Lösung, sagte er. Also bitte, sagte er. Es war so: Plötzlich drängte Sabine aus dem Strom der Promenierenden hinaus und ging auf ein Tischchen zu, an dem noch niemand saß.[11]

Beschreiben Sie das Verhältnis zwischen Klaus Buch und seiner Frau Helene im ersten Teil der Schlusssequenz (Z. 1–33):
- Wie wirkt Klaus Buch auf Sie, verglichen mit seinem Auftreten in den beiden Auszügen aus den Erzählhöhepunkten?
- Wie verhält sich Helene ihm gegenüber?
- Untersuchen Sie Helenes Gesprächsbeiträge Z. 2–8, 13–17, 19–23 und 25–31 hinsichtlich
  - Stilebene,
  - Satzbau und Wortwahl und
  - Wirkungsabsicht.

3.32

Klaus sagt lediglich zwei Mal „Komm jetzt" (Z. 12, 18) und „Ich gehe jetzt." (Z. 24).
Beschreiben Sie die beabsichtigte und die tatsächliche Wirkung dieser Bemerkung.

3.33

Wie wirkt sich die „unerhörte Begebenheit" (die mit dem Wiederauftauchen Klaus Buchs eigentlich erst richtig komplett ist) auf Klaus Buch und seine Frau Helene aus?

3.34

An einer nicht im Auszug enthaltenen Passage der Schlusssequenz heißt es: „Wahrscheinlich hatte Klaus ihn [Helmut] in diesem Augenblick so durchschaut, wie ihn noch niemand durchschaut hatte."[12]
Was, glauben Sie, hat Klaus an seinem ehemaligen Schulfreund „durchschaut":
- dass Helmut ihn umbringen wollte,
- dass Helmut ihm seine Frau ausspannen wollte,
- dass Helmut ihm die Ruderpinne aus der Hand geschlagen hat, um einen
- ihm lästigen Eindruck vom ‚richtigen Leben' loszuwerden?
Entscheiden Sie sich für eine der drei Thesen und begründen Sie ihre Entscheidung.

3.35

Ein wichtiger Aspekt für die Analyse von Prosatexten ist ihre Komposition. Dazu gehört die Untersuchung
– der Gestaltung von Eingangs- und Schlusssituation,
– der Entwicklung der Spannung,
– der Entwicklung der Charaktere.

[11] Martin Walser, S. 145–151
[12] Ebd., S. 147

3. DIE INTERPRETATION EINER UMFANGREICHEN NOVELLE

3.36 Unterziehen Sie die Sprache von Sabine und Helmut Halm in der Schlusssequenz einer detaillierten Analyse und berücksichtigen Sie dabei die folgenden Fragen bzw. Aspekte:
– Wo handelt es sich um Floskeln, wo findet ‚echte' Kommunikation statt?
– Wiederholungen spielen eine größere Rolle im Text – wo tauchen sie in der Schlusspassage auf, welche Funktion haben sie?
– Gibt es Auffälligkeiten bei den redeeinleitenden Verben?

Wenn Sie den Anfang mit dem Schluss vergleichen, fällt auf, dass sich die **Kommunikationssituation** zwischen Helmut und Sabine Halm grundlegend gewandelt hat. Herrschte am Anfang Wortlosigkeit, so beherrscht am Ende der Dialog die Situation. Fällt ein solcher Unterschied ins Auge, ist es interessant, nach den Auswirkungen und nach möglichen Gründen zu fragen.

3.37
– Bestimmen Sie das **Anliegen**, das die beiden mit ihrem Gespräch am Schluss verfolgen.
– Beschreiben Sie die Umsetzung des Anliegens im **Sprechverhalten** der beiden Figuren, indem Sie die Redebeiträge mit den Begriffen der **Sprechakttheorie** charakterisieren.
(Sprechakttheorie-Begriffe: *sagen – sich äußern – fragen – antworten – erwidern – entgegnen – zustimmen – widersprechen – einwenden – erwähnen – wiedergeben – beschreiben – berichten – erzählen – erläutern – erklären – versichern – bejahen – verneinen – bestreiten – bezweifeln – befehlen – auffordern – bitten – verlangen – ermahnen – sich weigern – versprechen – bestätigen – raten – warnen – ermuntern …*
Zur Kennzeichnung des Grades der Offenheit oder Verschlossenheit eines Sprechers: *offenbaren – preisgeben – gestehen – verbergen – vorspiegeln – verschweigen – verheimlichen – verleugnen*)

Alle Teile eines Werks können prinzipiell **symbolhafte Verweise** und **Andeutungen** enthalten. Am Schluss werden diese insofern wichtig, als sie eine Möglichkeit zur **Bewertung der Handlung** enthalten oder **Hinweise auf den weiteren Verlauf** geben können.

3.38 Erklären Sie die Zeichenhaftigkeit!
• Das neue Urlaubsziel der Halms soll erst Meran (Südtirol), dann auf Wunsch von Sabine Halm aber Montpellier (Südfrankreich) sein.
• „Sie (saß) in Fahrtrichtung. Er mit dem Rücken zur Fahrtrichtung."
• „Helmut sagte zu der farbigen Lokomotive, die ihm vorkam wie ein Ordensgeistlicher: Qui tollis peccata mundi." (d. h. „Der du trägst die Sünde der Welt.")

3. DIE INTERPRETATION EINER UMFANGREICHEN NOVELLE

Welche Sünde oder Schuld könnte Helmut meinen
- Klaus Buch gegenüber,
- Sabine gegenüber,
- sich selbst gegenüber?

Am Ende verspricht Helmut Sabine, ihr „alles von diesem Helmut, dieser Sabine" zu erzählen.
Beschreiben Sie abschließend die Wirkung der „unerhörten Begebenheit" (so wie Sie sie in der Inhaltsangabe und den Ausschnitten kennen gelernt haben) auf Helmut Halm.

3.39

Die Novelle *Ein fliehendes Pferd* endet mit demselben Satz, mit dem sie begonnen hat. Durch diesen Kunstgriff entsteht eine Art **kreisförmige Struktur**: Die „unerhörte Begebenheit", die dem Leser vermittelt wurde, erweist sich als die Wahrheit über die beteiligten Personen und wird als diese nochmals erzählt.

Wie würde Sie den Schluss einschätzen – als ein eher offenes oder ein eher geschlossenes Ende?

3.40

4. Der Roman

4.1 Zur Gattung

Ü 4.1 Wählen Sie aus der folgenden Merkmalliste fünf Ihnen für eine Definition des Romans zentral erscheinende Aspekte und versuchen Sie, eine zusammenfassende Begriffsbestimmung zu geben!
Prinzipiell unbegrenzte Länge – weit verzweigte Handlung mit Nebenhandlungen – in Prosa abgefasst – enthält oft auch lyrische und dramatische Elemente – verschiedene Typen je nach Inhalt oder nach Erzählhaltung – im Mittelpunkt stets der positive Held – früher eher abwertend gebraucht, jetzt anerkanntermaßen die Hauptform der Dichtung.

Der Roman ist die heute bedeutendste Großform epischer Literatur. Die allgemeinste Definition ist, dass es sich beim Roman um einen umfangreichen, in Prosa verfassten, fiktionalen, erzählerischen Text handelt. Inhaltlich und formal sind dem Roman keine prinzipiellen Grenzen gesetzt, was eine literaturtheoretisch exakte Definition und Einordnung erschwert.

Romane oder romanähnliche Schriften gibt es seit der Antike, doch gewinnt der Roman zu Beginn der Neuzeit an Gewicht und wird als eigene Gattung akzeptiert. In der Zeit der Aufklärung trennt sich der ästhetisch und inhaltlich anspruchsvolle Roman vom Unterhaltungsroman. Romanen wird nun – wie Kunst allgemein – auch ein ausgesprochener Bildungswert beigemessen. Der Roman wird schließlich zur populärsten Prosa- und Literaturgattung überhaupt.

Der Roman kann als die offenste der literarischen Gattungen angesehen werden, da er die übrigen Gattungen integrieren und als Material benutzen kann. Er ist schon auf Grund seines Umfangs offen für Experimente. Dabei tritt in der Moderne und in der Postmoderne der tragende Charakter der konstant entwickelten Handlung zurück zu Gunsten einer Multiperspektivität und Sprunghaftigkeit, die sich stellenweise auch am Medium des Film orientiert.

Weil der Roman viele Erzähltechniken und auch Inhalte jedweder Art verarbeiten und enthalten kann, ist es dementsprechend schwer, eine Einteilung verschiedener Romantypen vorzunehmen. In der Literaturwissenschaft haben sich drei Typologien durchgesetzt:

nach Aussageart bzw. Wirkungsabsicht	nach Form bzw. Erzählperspektive	nach inhaltlich-stofflichen Gesichtspunkten

(Anti-)Kriegsroman, Abenteuerroman, auktorialer Roman, Bildungs- und Entwicklungsroman, Briefroman, didaktisch, empfindsam, erbaulich, historischer Roman, Ich-Roman, idealistisch, Liebesroman, personaler Roman, satirisch, sozialer Roman, Tagebuchroman

Tragen Sie die Begriffe in die Tabelle ein!
Versuchen Sie – entweder frei oder mit Hilfe eines Lexikons – die Bedeutung dieser Romantypen zu erklären.

4.2

4.2 Darstellungsmittel des Romans

Zunächst ist grundsätzlich anzumerken, dass es ausschließlich für den Roman typische Darstellungsmittel nicht gibt. Alle Mittel, von der Wahl der Perspektive bis zum Sprachexperiment, können genauso in anderen Formen der Prosa Verwendung finden. Stellenweise sind diese Darstellungsmittel schon bei der Behandlung der Novelle vorgestellt und ist die Arbeit mit ihnen eingeübt worden. Im Folgenden werden einige Erzähltechniken vorgestellt, die vorzugsweise im Roman zur Anwendung kommen, da er auf Grund äußerer Voraussetzungen (Umfang) dafür besonders geeignet erscheint.

4.2.1 Verschiedene Wirklichkeitsebenen

Es wäre stark vereinfacht, den Roman allgemein als eindimensionale, linear voranschreitende Geschichte zu lesen. Gerade durch seinen Umfang ermöglicht er die Darstellung verschiedener Handlungen, ja, er fordert gera-

4. DER ROMAN

dezu dazu heraus. Die Wirklichkeitsebenen, die – nicht immer klar voneinander abgrenzbar – im Roman eine Rolle spielen, sind

• die poetische Wirklichkeit: _____

• die Realität: _____

• Zeitgeist, Lebensvorstellungen und soziale Verhältnisse:

   _____

4.3 Versuchen Sie eine kurze, stichwortartige Definition dieser Wirklichkeitsebenen!

4.4 Um zu erfassen, wie sich diese Wirklichkeitsebenen zueinander verhalten, betrachten Sie das folgende Diagramm und ordnen Sie den Pfeilen die folgenden Wirkungsabsichten zu:

liegt zu Grunde – spiegelt wider – bestimmen (teilweise)

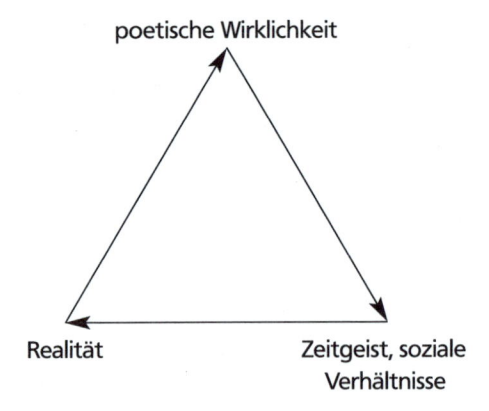

```
              poetische Wirklichkeit
                      ▲
                     ╱ ╲
                    ╱   ╲
                   ╱     ╲
                  ╱       ╲
                 ╱         ╲
                ▼───────────▶
            Realität      Zeitgeist, soziale
                           Verhältnisse
```

Aus dem Vorhandensein und der Wirkungsweise der verschiedenen Wirklichkeitsebenen ergeben sich für die Gattung Roman folgende Schlussfolgerungen, die auch bei einer Interpretation immer wieder von Bedeutung sind:

■ Selbst wenn er historisch genau ist, ist ein Roman immer mehr als die Abbildung der Realität.
■ Selbst wenn die Fabel (plot) noch so fantastisch und frei erfunden anmutet, steht der Roman stets in einem Verhältnis zur Entstehungszeit und ihren Vorstellungen. Die Fabel kann z. B. ein fantastischer Gegenentwurf zu den Zeitverhältnissen sein oder diese bestätigen, sie kann historische Verhältnisse verfremden oder differenziert darstellen.

4. DER ROMAN

■ Selbst wenn sich noch so viele Parallelen zur Biografie des Autors ziehen lassen – der Roman ist stets mehr als eine Autobiografie und darf nicht darauf verengt werden.

Wie diese Ebenen voneinander unterschieden werden können, erarbeiten Sie im Folgenden an Hand eines Auszugs des Romans *Die neuen Leiden des jungen W.* von Ulrich Plenzdorf aus dem Jahr 1974.

> **Inhaltsangabe *Die neuen Leiden des jungen W.***
> Edgar Wibeau, 17-jähriger Lehrling mit Bestnoten, bricht seine Ausbildung ab und lebt in einer zum Abriss bestimmten Ost-Berliner Gartenlaube. Er verliebt sich in die mit einem Sozialisten verlobte Charlie, jobbt in einer Malerbrigade und beginnt nach dem Hinauswurf an der ‚genialen' Idee, einem nebellosen Farbspritzgerät, zu arbeiten. Dabei erleidet er einen tödlichen Stromschlag.
> Edgars gesellschaftlicher Einstellung entspricht die Verwendung des Jargons von DDR-Jugendlichen. Die Entlarvung der verlogenen Erwachsenenwelt durch ‚echte' Sprache ist auch J. D. Salingers Roman *The Catcher in the Rye* eigen, mit dessen Protagonisten Holden Caulfield sich Edgar anfangs völlig identifiziert. Wenig später findet er auf dem Plumpsklo der Laube ein titelloses Exemplar von Goethes *Die Leiden des jungen Werther* (1774). Nach anfänglicher Ablehnung erfährt er die verblüffende Wirkung von Wertherzitaten im Alltag, findet seine Erfahrungen in Werthers Schicksal gespiegelt und glaubt, ihn zu verstehen.[13]

In dem Ausschnitt, einem Gespräch zwischen den seit längerem getrennt lebenden Eltern Edgars, geht es um die Rekonstruktion des Grundes für Edgar Wibeau, aus der DDR-Gesellschaft „auszusteigen".

„Wieso entpuppte er sich als Rowdy?!"
„Er hat seinem Ausbilder den Zeh gebrochen." „Den Zeh?"
„Er hat ihm eine schwere Eisenplatte auf den Fuß geworfen, eine Grundplatte. Ich war wie vor den Kopf geschlagen. Ich meine …!"
5   „Einfach so?"
„Ich war nicht dabei, aber der Kollege Flemming sagte mir – das ist der Ausbilder, ein erfahrener und alter Ausbilder, zuverlässig –, dass es so war: Er verteilt morgens in der Werkstatt die Werkstücke, eben diese Grundplatten zum Feilen. Und die Burschen feilen auch, und beim Nachmessen fällt ihm
10 auf, Edgars Nachbar, Willi, hat da eine Platte fertig, aber die hat er nicht gefeilt, die war aus dem Automaten. In der Produktion werden die Grund-

---
[13] *Harenbergs Literaturlexikon. Autoren, Werke und Epochen. Gattungen und Begriffe von A bis Z*, Dortmund 1989, S. 747

info
Plenzdorf, Ulrich (* 1934 Berlin), aus einer Arbeiterfamilie stammend, Studium der Philosophie in Leipzig, Bühnenarbeiter bei der DEFA, Filmstudium, Arbeit als Filmdramaturg. Literarisch seit Anfang der 70er Jahre in Erscheinung getreten mit Werken, die zunächst als Filmszenarien geplant waren. Themen: Identitätsproblematik und kritische Sicht auf die gesellschaftlichen Verhältnisse in der DDR. Wichtige Werke: *Die neuen Leiden des jungen W.* (1973), *Die Legende von Paul und Paula* (Film, 1974), *Legende vom Glück ohne Ende* (1979).

platten natürlich automatisch gefertigt. Der Junge hat sie sich besorgt und zeigt sie jetzt vor. Sie ist natürlich genau bis auf ein Hundertstel. Er sagt ihm das: Die ist aus dem Automaten.
15 Willi: Aus was für einem Automaten?
Flemming: Aus dem Automaten in Halle zwei.
Willi: Ach, da steht ein Automat?! – Das kann ich doch gar nicht wissen, Meister. In der Halle waren wir zum letzten Mal, als wir anfingen mit der Lehre, und da hielten wir die Dinger noch für Eierlegemaschinen. Und das
20 war dann Edgars Stichwort, das war natürlich alles vorher abgemacht: Also nehmen wir mal an, da steht ein Automat. Kann ja sein. Da fragt man sich doch, warum wir dann die Grundplatten mit der Feile zurechtschruppen müssen. Und das im dritten Lehrjahr."
(…)
25 Ich will mal sagen: Besonders scharf war ich auf Nachspiel nicht. „Was sagt der Jugendfreund Edgar Wiebau (!) zu seinem Verhalten, Meister Flemming?" Leute! Ich hätt mir doch lieber sonst was abgebissen, als irgendwas zu sülzen von: Ich sehe ein … Ich werde in Zukunft … verpflichte mich hiermit … und so weiter! Ich hatte was gegen Selbstkritik, ich meine: gegen
30 öffentliche. Das ist irgendwie entwürdigend. Ich weiß nicht, ob mich einer versteht. Ich finde, man muss dem Menschen seinen Stolz lassen. Genauso mit diesem Vorbild. Alle forzlang kommt doch einer und will hören, ob man ein Vorbild hat und welches, oder man muss in der Woche drei Aufsätze darüber schreiben. Kann sein, ich hab eins, aber ich stell mich doch nicht
35 auf den Markt damit. Einmal hab ich geschrieben: Mein größtes Vorbild ist Edgar Wibeau. Ich möchte so werden, wie er mal wird. Mehr nicht. Das heißt: Ich wollte es schreiben. Ich hab's dann bleiben lassen, Leute. Dabei wäre der Aufsatz höchstens nicht gewertet worden. Kein Aas von Lehrer traute sich doch, mir eine Fünf oder was zu geben.[14]

4.5 Stellen Sie stichwortartig zusammen, welche Elemente historischer und welche Elemente poetischer Wirklichkeit dieser Auszug enthält.

4.6 Entwerfen Sie auf der Grundlage der folgenden Informationen einen knappen Text zum historischen Hintergrund des Romans.
Ort der Handlung: DDR – Arbeitsgesellschaft – großer Wert auf Disziplin und Einordnung des Einzelnen ins Kollektiv – i. d. R. kein Problem, Arbeit zu finden – schwerer Stand der Menschen, die sich nicht einordnen können oder wollen – „asoziale Elemente"

---

[14] Ulrich Plenzdorf: *Die neuen Leiden des jungen W.*, Frankfurt a. M., 3. Aufl. 1976, S. 11–16

4. DER ROMAN

Versuchen Sie die Lebensverhältnisse, die sozialen und moralischen Vorstellungen zu rekonstruieren, auf die sich der Romanauszug bezieht.

4.7

Bestimmen Sie abschließend die Wirkungsabsicht des Romanauszugs.

4.8

4.2.2 Erzählsituation und Erzählperspektive, Multiperspektivität

Über die Erzählsituationen bzw. Erzählperspektiven wurde bereits ausführlich im Kapitel zur Novelle informiert. Auf Grund des Umfangs und der Verschränkung verschiedener Handlungsstränge wechselt die Erzählsituation im Roman jedoch erfahrungsgemäß häufiger als in einer Novelle oder Kurzgeschichte.

Sehen Sie sich noch einmal genau den oben wiedergegebenen Auszug aus *Die neuen Leiden des jungen W.* von Ulrich Plenzdorf an. Die handelnden Personen sind Edgars Vater, Edgars Mutter, Edgar, sein Freund Willi und indirekt Meister Flemming.
– Aus wessen Sicht wird erzählt?
– Bestimmen Sie möglichst genau das Verhältnis der handelnden Personen zueinander, wie es sich aus der Erzählsituation ergibt.

4.9

Wird der Inhalt nicht allein durch einen Sprecher, etwa den Ich-Erzähler, wiedergegeben, sondern wird aus verschiedenen Sichtweisen erzählt, spricht man von **mehrfacher** oder **Multiperspektivität**.

Beschreiben Sie die Wirkung, die von der Multiperspektivität in dem oben stehenden Auszug aus Ulrich Plenzdorfs Roman ausgeht.
Versuchen Sie, davon ausgehend, in wenigen Sätzen allgemein die Wirkung der mehrfachen Perspektive zu beschreiben.

4.10

Ein weiteres bekanntes Beispiel für mehrfache Perspektivität ist der in der Schule häufig gelesene Roman *Sansibar oder der letzte Grund* von Alfred Andersch.

4. DER ROMAN

Inhaltsangabe *Sansibar oder Der letzte Grund*
Roman von Alfred Andersch, erschienen 1957
Mit dem zentralen Motiv der Flucht knüpft Andersch in seinem Romanerstling an den autobiografischen Bericht *Die Kirschen der Freiheit* (1952) an. Gegenüber anderen zeitgenössischen Erzählwerken ist das Dritte Reich jedoch nicht so sehr Ausgangspunkt einer Rekonstruktion vergangener Realität, sondern Modellsituation für das Nachdenken über die individuelle Handlungsfreiheit in und gegenüber historischen Abläufen.
Im deutschen Ostseehafen Rerik treffen an einem Herbsttag 1937 zufällig fünf Menschen zusammen, die sich alle mit dem Gedanken der Flucht nach Schweden tragen. Innere Monologe beschreiben die Motive und Lebensumstände der Figuren: Einen namenlos bleibenden Jungen treibt die pure Abenteuerlust aus dem beengenden Elternhaus; der kommunistische Jugendfunktionär Gregor will einen illegalen Auftrag nutzen, sich von der autoritären Partei und ihrem aussichtslosen Untergrundkampf abzusetzen. Sein Genosse, Fischer Knudsen, muss seine geistig verwirrte Frau vor den Nazis schützen und kann deshalb nicht fliehen. Dem Pfarrer Helander versagt eine neu aufgebrochene Kriegsverletzung die Flucht, er will aber E. Barlachs Plastik ‚Der lesende Klosterschüler' vor der Zerstörung durch die Nazis gerettet wissen. Die Jüdin Judith Levin, dem Abtransport ins KZ entronnen, hofft über Schweden ins neutrale Ausland gelangen. Trotz Angst und Misstrauen sowie trotz vieler Unwägbarkeiten ergibt sich auf Betreiben Gregors zuletzt eine organisatorische Verknüpfung der einzelnen Fluchtvorhaben, an deren Ende die akut gefährdete Judith und der ‚Klosterschüler' gerettet werden. Die übrigen Figuren handeln entgegen ihren Absichten: Knudsen riskiert widerwillig die Überfahrt, Gregor verzichtet, der Junge kehrt wieder aus Schweden zurück, der Pfarrer tötet einen NS-Chargen, der nach dem Verbleib der Plastik forscht. Die Figuren orientieren sich nicht an den durch Kirche und Partei vorgegebenen Normen; ihre Tat liegt im Sinn des Existentialismus des Autors, in freier Entscheidung begründet.[15]

4.11 Bitte stellen Sie anhand der Inhaltsangabe fest, wie die Multiperspektivität im Roman umgesetzt wurde.

4.12 Welche Wirkung soll mit den wechselnden Erzählperspektiven erreicht werden?

---

[15] *Harenbergs Literaturlexikon*, S. 887 f.

4. DER ROMAN

4.2.3 Zeitgestaltung

Auch auf den Aspekt der Zeitgestaltung wurde bereits im Zusammenhang mit der Interpretation von Novellen eingegangen (→ S. 31, vgl. auch S. 156 f.), so dass an dieser Stelle eine Beschränkung auf eine kurze Wiederholung und auf die Anwendung der Zeitgestaltung im Rahmen eines Romans erfolgen kann.

Wiederholen und bestimmen Sie die Begriffe

– Zeitdeckung: _____

– Zeitdehnung: _____

– Zeitraffung: _____

und gehen Sie dabei auch auf die mit diesen Mitteln beabsichtigte Wirkung ein!

4.13

Der Roman lässt, wie aufgezeigt, eine besonders große Bandbreite an erzähltechnischen Mitteln zu und zeichnet sich durch die Verzweigtheit der Handlungen aus. Daher, und weil sich Romanhandlungen zumeist über einen längeren Zeitraum erstrecken, ist die Zeitgestaltung im Roman von besonderer Bedeutung. Das soll im Folgenden an zwei Beispielen aus Thomas Manns Roman *Buddenbrooks*, der den Abstieg einer Kaufmannsfamilie in vier Generationen erzählt, verdeutlicht und eingeübt werden.

> **Inhaltsangabe *Buddenbrooks. Verfall einer Familie* (1909)**
> Der Roman schildert die Seelengeschichte des deutschen Bürgertums im 19. Jh., den Abwehrkampf der naiven bürgerlichen Tüchtigkeit gegen die unbürgerlichen Mächte der Décadence.
> Mit der Lübecker Getreidefirma Buddenbrook geht es bergab. Die geschäftlichen Misserfolge sind nicht Ursache, sondern Folge des Verfalls. Ursache ist die Verunsicherung durch die von Generation zu Generation zunehmende Reflexivität. Nietzsche, nicht Marx bestimmt das gedankliche Fundament. Je mehr die Buddenbrooks über sich wissen, desto lebensunfähiger werden sie.
> Die Abfolge von vier Generationen bestimmt die Struktur des Romans. Johann Buddenbrook sen. weiß im genannten Sinne nichts über sich. Er ist ein Aufklärer, heiter, irdisch und praktisch. Alles Irrationale – Musik, Poesie, Religion – ist ihm fremd. Johann (Jean) Buddenbrook jun. ist fromm. Die Frömmigkeit ist ein erstes Anzeichen von Dekadenz; sie stört das gute Gewissen bei den Geschäften. Thomas Buddenbrook, der Chef der dritten Generation, ist ein Ästhet. Er hat keinen Glauben mehr, durchschaut aber die Gläubigkeit der anderen. Im Grunde ist er kein

> Bürger mehr, sondern nur noch ein Schauspieler in der Rolle eines Bürgers. Er heiratet keine derbe Lübeckerin, sondern eine exotische Schönheit. Der aus dieser Ehe hervorgehende Sohn Hanno Buddenbrook kann den Bürger nicht einmal mehr spielen. Er ist ein übersensibler, kränklicher Halbkünstler, der Musik leidenschaftlich ergeben, aber vom Ekel geschüttelt, wenn er an die raue Wirklichkeit der Geschäfte denkt. Er durchschaut in den anderen den Willen zur Macht als den Grund aller Dinge und erkennt, dass ihre Ideale nur vorgeschoben sind. Wie Hamlet lähmt ihn diese Erkenntnis. Er kämpft nicht, sondern flieht, träumt und stirbt.
>
> Den ironischen Gegenpol zur Strukturlinie des Verfalls bildet Thomas' Schwester Tony Buddenbrook, die vom Anfang bis zum Ende des Romans in ihrer Persönlichkeit unverändert bleibt, in den Strudel des Verfalls gezogen wird, aber nichts versteht. Einen anderen Kontrast bildet Thomas' und Tonys Bruder Christian, ein verbummelter, arbeitsunfähiger Lebemann. Er bringt es nicht fertig, sich den Zwang aufzuerlegen, den Thomas sich antut, aber er ist in seiner komischen Unfähigkeit im Grunde der Ehrlichere.
>
> Die Kaufmannsideale Fleiß, Nützlichkeit, Zeitökonomie, Sparsamkeit, Pflichterfüllung werden unterminiert durch ihre unbürgerlichen Gegenmächte, durch Faulheit, Luxus und Zeitverschwendung, durch Krankheit und Tod, durch Liebe, Sexualität und Musik, durch Metaphysik, Religion und Philosophie. Thomas Buddenbrook liest Schopenhauer. Das Erlebnis ist berauschend. Er erkennt das Trügerische und Wahnhafte seines Lebens. Die Erkenntnis aber nützt ihm nichts, sondern macht ihn nur bereit zum Tod.[16]

Der folgende Auszug vom Ende des siebten Teils schildert das Aufwachsen des jungen Hanno Buddenbrook:

Krieg und Kriegsgeschrei, Einquartierung und Geschäftigkeit! Preußische Offiziere bewegen sich in der parkettierten Zimmerflucht der Bel-Etage von Senator Buddenbrooks neuem Hause, küssen der Hausdame die Hände und werden von Christian, der von Oeynhausen zurückgekehrt ist, in den Klub
5 eingeführt, während im Mengstraßen-Hause Mamsell Severin, Riekchen Severin, der Konsulin neue Jungfer, zusammen mit den Mädchen eine Menge Matratzen in das ‚Portal', das alte Gartenhaus, schleppt, das voll von Soldaten ist.

Gewimmel, Verstörung und Spannung überall! Die Mannschaften ziehen
10 zum Tore hinaus, neue rücken ein, überfluten die Stadt, essen, schlafen,

---

[16] *Harenbergs Literaturlexikon*, S. 178

4. DER ROMAN

erfüllen die Ohren der Bürger mit Trommelwirbeln, Trompetensignalen und Kommandorufen und marschieren wieder ab. Königliche Prinzen werden begrüßt; Durchmarsch folgt auf Durchmarsch. Dann Stille und Erwartung.
Im Spätherbst und Winter kehren die Truppen siegreich zurück, werden
15 wiederum einquartiert und ziehen unter den Hochrufen der aufatmenden Bürger nach Hause. – Friede. Der kurze, ereignisschwangere Friede von fünfundsechzig.
Und zwischen zwei Kriegen, unberührt und ruhevoll in den Falten seines Schürzenkleidchens und dem Gelock seines weichen Haares, spielt der klei-
20 ne Johann im Garten am Springbrunnen oder auf dem ‚Altan', der eigens für ihn durch eine kleine Säulenestrade vom Vorplatz der zweiten Etage abgetrennt ist, die Spiele seiner 4 $\frac{1}{2}$ Jahre ... Diese Spiele, deren Tiefsinn und Reiz kein Erwachsener mehr zu verstehen vermag, und zu denen nichts weiter nötig ist als drei Kieselsteine oder ein Stück Holz, das vielleicht eine
25 Löwenzahnblüte als Helm trägt: vor allem aber die reine, starke, inbrünstige, keusche, noch unverstörte und uneingeschüchterte Fantasie jenes glückseligen Alters, wo das Leben sich noch scheut, uns anzutasten, wo noch weder Pflicht noch Schuld Hand an uns zu legen wagt, wo wir sehen, hören, lachen, staunen und träumen dürfen, ohne dass noch die Welt Dienste von
30 uns verlangt ... wo die Ungeduld derer, die wir doch lieben möchten, uns noch nicht nach Anzeichen und ersten Beweisen quält, dass wir diese Dienste mit Tüchtigkeit werden leisten können ... Ach, nicht lange mehr, und mit plumper Übermacht wird alles über uns herfallen, um uns zu vergewaltigen, zu exerzieren, zu strecken, zu kürzen, zu verderben ...
35 Große Dinge geschahen, während Hanno spielte. Der Krieg entbrannte, der Sieg schwankte und entschied sich, und Hanno Buddenbrooks Vaterstadt, die klug zu Preußen gestanden hatte, blickte nicht ohne Genugtuung auf das reiche Frankfurt, das seinen Glauben an Oesterreich bezahlen musste, indem es aufhörte, eine freie Stadt zu sein.
40 Bei dem Fallissement einer Frankfurter Großfirma aber, im Juli, unmittelbar vor Eintritt des Waffenstillstandes, verlor das Haus Johann Buddenbrook mit einem Schlage die runde Summe von zwanzigtausend Talern Courant.[17]

Erschließen Sie die Bedeutung dieses Romanauszugs, indem Sie die folgenden Übungen bearbeiten:

Welchen Zeitraum umfasst die Passage?
Was erfährt der Leser über Hanno Buddenbrook?

Info

Mann, Thomas (* 1875 Lübeck, † 1955 Kilchberg/Zürich): Sohn einer angesehenen Lübecker Kaufmanns- und Senatorenfamilie, Abbruch der Schule und einer Berufsausbildung im Versicherungswesen, 1905 Heirat mit Katja Pringsheim, 1933 Exil, zunächst in Südfrankreich, denn in der Schweiz, schließlich, bis 1952, in den USA; ab 1952 hält er sich wieder in der Schweiz auf, wo er am 12. 8. 1955 stirbt. Mann erlangt Weltruhm durch seinen Familienroman *Buddenbrooks* (1901), an dessen Vorarbeiten auch der ältere Bruder Heinrich beteiligt war; für diesen Roman erhält er 1929 den Nobelpreis für Literatur. Wesentliche Themen des literarischen Werks sind der Verfall und die Rolle der Kunst bzw. des Künstlers. Wichtige Werke: *Buddenbrooks* (1901), *Der Tod in Venedig* (1912), *Der Zauberberg* (1924), *Mario und der Zauberer* (1930), *Joseph und seine Brüder* (Tetralogie, 1933–1943), *Doktor Faustus* (1947).

4.14

---

[17] Thomas Mann: *Buddenbrooks. Verfall einer Familie*, 48. Aufl., Frankfurt a. M. 2000, S. 436 f.

4. DER ROMAN

4.15 Handelt es sich bei der Zeitgestaltung eher um Zeitdeckung oder um Zeitraffung?
Begründen Sie!
Beschreiben Sie, welche Mittel zur Zeitgestaltung wie verwendet wurden:
- Tempus
- Satzbau
- Darstellungsform (Erzählbericht/direkte Rede)
- Wortwahl, bes. Wortarten

4.16 Worin würden Sie die Funktion dieses Abschnittes vor allen Dingen sehen?
– Schließung einer zeitlichen Lücke zur Wahrung der Kontinuität des Erzählflusses
– Darstellung des kleinen Hanno im Kontrast zwischen seiner Wesensart und den Zeitläuften
– Beschreibung und Begründung des weiteren Abstiegs der Firma
Begründen Sie Ihre Antwort.

4.17 Beschreiben Sie abschließend in einem zusammenhängenden Text die Art und Weise der Zeitgestaltung im vorhergehenden Abschnitt. Schildern und begründen Sie die davon ausgehende Wirkung! (Ohne Lösungsvorschlag)

Ein – literaturhistorisch bekanntes – Beispiel für die **Zeitdehnung** aus demselben Roman ist die Schilderung eines Tages aus Hannos Leben, die insgesamt 50 Seiten umfasst. Im Mittelpunkt steht die ausführliche Darstellung des Schultages – eine karikierende Abrechnung mit dem Bildungssystem der Wilhelminischen Zeit. Wie sich Hanno auf seinen Schultag vorbereitet, schildert der folgende Auszug:

Dann hatte er den Wecker gerichtet und geschlafen, so tief und tot, wie man schläft, wenn man niemals wieder erwachen möchte. Und nun war der Montag da, und es war sechs Uhr, und er hatte für keine Stunde gearbeitet!
Er richtete sich auf und entzündete die Kerze auf dem Nachttische. Da aber
5 in der eiskalten Luft seine Arme und Schultern sofort heftig zu frieren begannen, ließ er sich rasch wieder zurücksinken und zog die Decke über sich.
Die Zeiger wiesen auf zehn Minuten nach sechs Uhr ... Ach, es war sinnlos, nun aufzustehen und zu arbeiten, es war zu viel, es gab beinahe für jede
10 Stunde etwas zu lernen, es lohnte nicht, damit anzufangen, und der Zeitpunkt, den er sich festgesetzt, war sowieso überschritten ... War es denn so sicher, wie es ihm gestern erschienen war, dass er heute sowohl im Lateinischen wie in der Chemie an die Reihe kommen würde? Es war anzunehmen, ja, nach menschlicher Voraussicht war es wahrscheinlich. Was den Ovid be-
15 traf, so waren neulich die Namen aufgerufen worden, die mit den letzten

4. DER ROMAN

Buchstaben des Alphabetes begannen, und mutmaßlich würde es heute mit A und B von vorn anfangen. Aber es war doch nicht unbedingt sicher, nicht ganz und gar zweifellos! Es kamen doch Abweichungen von der Regel vor! Was bewirkte nicht manchmal der Zufall, du lieber Gott! ... Und während
20 er sich mit diesen trügerischen und gewaltsamen Erwägungen beschäftigte, verschwammen seine Gedanken ineinander, und er entschlief aufs Neue.
(...)
Als es sieben Uhr war, erwachte er wieder mit Schrecken. Nun war auch diese Frist abgelaufen. Aufstehen und den Tag auf sich nehmen - es gab nichts, um das abzuwenden. Eine kurze Stunde nur noch bis zum Schul-
25 anfang ... Die Zeit drängte, von den Arbeiten nun ganz zu schweigen. Trotzdem blieb er noch liegen, voll von Erbitterung, Trauer und Anklage dieses brutalen Zwanges wegen, in frostigem Halbdunkel das warme Bett zu verlassen und sich hinaus unter strenge und übel wollende Menschen in Not und Gefahr zu begeben. Ach, noch zwei armselige Minuten, nicht wahr?
30 fragte er sein Kopfkissen mit überquellender Zärtlichkeit. Und dann, in einem Anfall von Trotz, schenkte er sich fünf volle Minuten, um noch ein wenig die Augen zu schließen, von Zeit zu Zeit das eine zu öffnen und verzweiflungsvoll auf den Zeiger zu starren, der stumpfsinnig, unwissend und korrekt seines Weges vorwärts ging.
35 Zehn Minuten nach sieben Uhr riss er sich los und fing an, sich in höchster Hast im Zimmer hin und her zu bewegen. Die Kerze brannte fort, denn das Tageslicht allein genügte noch nicht. Als er eine Eisblume zerhauchte, sah er, dass draußen dichter Nebel herrschte.
Ihn fror über alle Maßen. Der Frost schüttelte manchmal mit schmerzhaftem
40 Schauder seinen ganzen Körper. Seine Fingerspitzen brannten und waren so geschwollen, dass mit der Nagelbürste nichts anzufangen war Als er sich den Oberkörper wusch, ließ seine beinah erstorbene Hand den Schwamm zu Boden fallen, und er stand einen Augenblick starr und hilflos da, qualmend, wie ein schwitzendes Pferd.
45 Und endlich, mit gehetztem Atem und trüben Augen, stand er dennoch fertig am Ausziehtische, ergriff die Ledermappe und raffte die Geisteskräfte zusammen, welche die Verzweiflung ihm übrig ließ, um für die Stunden von heute die nötigen Bücher hineinzupacken. Er stand, sah angestrengt in die Luft, murmelte angstvoll: „Religion ... Lateinisch ... Chemie ..." und stopfte
50 die defekten und mit Tinte befleckten Pappbände zueinander ...
(...)
Fräulein Clementine, die neue Jungfer seiner Mutter, ein mageres Mädchen mit Stirnlocken, spitzer Nase und kurzsichtigen Augen, war bereits zur Stelle und machte sich am Frühstückstische zu schaffen.
„Wie spät ist es eigentlich?" fragte er zwischen den Zähnen, obgleich er es
55 sehr genau wusste.
„Viertel vor acht", antwortete sie und wies mit ihrer dünnen, roten Hand, die

aussah wie gichtisch, auf die Wanduhr. „Sie müssen wohl zusehen, dass Sie fortkommen, Hanno ..." Damit setzte sie die dampfende Tasse an seinen Platz und schob ihm Brotkorb und Butter, Salz und Eierbecher zu.
60 Er sagte nichts mehr, griff nach einer Semmel und begann, im Stehen, den Hut auf dem Kopfe und die Mappe unterm Arm, den Kakao zu schlucken. Das heiße Getränk tat entsetzlich weh an einem Backenzahn, den gerade Herr Brecht in Behandlung gehabt hatte ... Er ließ die Hälfte stehen, verschmähte auch das Ei, ließ mit verzerrtem Munde einen leisen Laut vernehmen, den man als Adieu deuten mochte, und lief aus dem Hause.
65 Es war zehn Minuten vor acht Uhr, als er den Vorgarten passierte, die kleine rote Villa zurückließ und nach rechts die winterliche Allee entlang zu hasten begann ... Zehn, neun, acht Minuten nur noch. Und der Weg war weit. Und man konnte vor Nebel kaum sehen, wie weit man gekommen war! Er zog
70 ihn ein und stieß ihn wieder aus, diesen dicken, eiskalten Nebel, mit der ganzen Kraft seiner schmalen Brust, stemmte die Zunge gegen den Zahn, der vom Kakao noch brannte, und tat den Muskeln seiner Beine eine unsinnige Gewalt an. Er war in Schweiß gebadet und fühlte sich dennoch erfroren in jedem Gliede. In seinen Seiten fing es an zu stechen. Das bisschen Frühstück
75 revoltierte in seinem Magen bei diesem Morgenspaziergang, ihm ward übel, und sein Herz war nur noch ein bebendes und haltlos flatterndes Ding, das ihm den Atem nahm.
Das Burgtor, das Burgtor erst, und dabei war es vier Minuten vor acht! Während er sich in kalter Transpiration, in Schmerz, Übelkeit und Not durch die
80 Straßen kämpfte, spähte er nach allen Seiten, ob nicht vielleicht noch andere Schüler zu sehen seien ... Nein, nein, es kam niemand mehr. Alle waren an Ort und Stelle, und da begann es auch schon acht Uhr zu schlagen! Die Glocken klangen durch den Nebel von allen Türmen, und diejenigen von Sankt Marien spielten zur Feier des Augenblicks sogar ‚Nun danket alle Gott'
85 ... Sie spielten es grundfalsch, wie Hanno rasend vor Verzweiflung konstatierte, sie hatten keine Ahnung von Rhythmus und waren höchst mangelhaft gestimmt. Aber das war nun das Wenigste, das Wenigste! Ja, er kam zu spät, es war wohl keine Frage mehr. Die Schuluhr war ein wenig im Rückstande, aber er kam dennoch zu spät, es war sicher. Er starrte den Leuten ins Ge-
90 sicht, die an ihm vorübergingen. Sie begaben sich in ihre Comptoirs und an ihre Geschäfte, sie eilten gar nicht sehr, und nichts drohte ihnen. Manche erwiderten seinen neidischen und klagenden Blick, musterten seine aufgelöste Erscheinung und lächelten. Er war außer sich über dieses Lächeln. Was dachten sie sich, und wie beurteilten diese Ungeängstigten die Sachlage? Es
95 beruht auf Roheit, hätte er ihnen zuschreien mögen, ihr Lächeln, meine Herrschaften! Sie könnten bedenken, dass es innig wünschenswert wäre, vor dem geschlossenen Hoftore tot umzufallen ...
Das anhaltend gellende Klingeln, das Zeichen zum Beginne der Montagsandacht, schlug an sein Ohr, als er noch zwanzig Schritte von der langen,

4. DER ROMAN

100 roten, von zwei gusseisernen Pforten unterbrochenen Mauer entfernt war, die den vorderen Schulhof von der Straße trennte. Ohne über irgendwelche Kräfte zum Ausschreiten und Laufen mehr zu verfügen, ließ er seinen Oberkörper einfach nach vorne fallen, wobei die Beine wohl oder übel das Hinstürzen verhindern mussten, indem sie sich stolpernd und schlotternd
105 ebenfalls vorwärts bewegten, und gelangte so vor die erste Pforte, als das Klingeln schon verstummt war.[18]

Auch hier sollen Sie versuchen, sich die Handhabung der Zeitgestaltung und die davon ausgehende Wirkung durch einige praktische Übungen zu erschließen.

Woran wird deutlich, dass es sich bei der Zeitgestaltung im vorliegenden Ausschnitt um Zeitdehnung handelt?
Welche Mittel werden für die Zeitdehnung eingesetzt?
Suchen Sie Beispiele für:
• genaue Zeitangaben
• dominierende Wortarten
• Darstellungsformen
• das Verhältnis von äußerer und innerer Handlung

4.18

Beschreiben Sie die Stilebene, indem Sie auf den Satzbau (Satzarten) und die Wortwahl eingehen.

4.19

Was erfahren die Leser in dieser Passage über Hanno Buddenbrook?

4.20

Worin würden Sie die Funktion dieses Abschnittes sehen?

4.21

Verfassen Sie abschließend einen geschlossenen Text über die Zeitgestaltung dieses Abschnittes. (Ohne Lösungsvorschlag)

4.22

Die geraffte Darstellung von Hannos Kindheit – die gedehnte Schilderung der Vorbereitungen auf den Schultag und des Schultages selbst: In ein und demselben Buch können also die verschiedensten Mittel der Zeitgestaltung zum Vorschein kommen. Wie bewerten Sie die Variation der Zeitgestaltung, welche der nachstehenden Ansichten treffen Ihrer Meinung nach zu?
1) Die Handhabung der Zeitgestaltung, der Wechsel von Zeitdehnung, Zeitdeckung und Zeitraffung ermöglicht sowohl die Darstellung größerer Zeitsprünge als auch das Herausarbeiten von Details der Handlung und der Charaktere.

4.23

[17] Thomas Mann: *Buddenbrooks*, S. 702–707

4. DER ROMAN

2) Abwechslung in der Zeitgestaltung macht einen Roman für die Leser interessanter.
3) Die Zeitgestaltung ergibt sich mehr oder weniger automatisch, je nachdem, welche Schwerpunkte der Autor setzen möchte. Sie ist eigentlich nicht besonders wichtig.
4) Ein Wechsel in der Zeitgestaltung kann störend wirken.

4.24 Verfassen Sie abschließend einen kleinen Merkkasten zur Zeitgestaltung im Roman, indem Sie den folgenden Lückentext ausfüllen!

Zeitgestaltung in Romanen

Die Zeitgestaltung im Roman befasst sich mit der Darstellung des

_____ . Dabei

steht die erzählte Zeit in einem Verhältnis zu dem _____

_____ . Wird ein langer Zeitraum auf vergleichsweise kleinem Raum wiedergegeben, liegt eine

_____ vor. Sie wird eingesetzt, wo _____

_____ übersprungen werden oder wo

_____ nebeneinander

gestellt und miteinander verglichen werden sollen.

Das Gegenteil zur Zeitraffung ist die _____ . Dort wird

ein geringer Zeitraum auf großem Raum im Roman entfaltet. Die Zeitdehnung gestattet den Blick bis ins kleinste _____ .

_____ der Handlung oder der Charaktere können so

besonders genau ins Licht gerückt werden.

Speziell im Roman spielt die Variation der Zeitgestaltung eine besondere Rolle zur
– Koordinierung verschiedener Handlungsstränge,
– genauen Ausleuchtung von Details der Handlung oder der Befindlichkeit und inneren Motivation von Figuren,
– abwechslungsreichen Gestaltung des zeitlichen Verlaufs und
– zur Überbrückung teils größerer Zeiträume.

5. Analyse von Romanausschnitten unter inhaltlichen und epochenspezifischen Aspekten

Nachdem Sie nun noch einmal Gelegenheit hatten, die erzähltechnischen Mittel an Hand einiger Romanausschnitte zu erarbeiten, soll im Folgenden an Hand von drei Beispielen auf zeittypische Inhalte und ihre Verarbeitungen im Roman eingegangen werden. Dazu wird auf drei bekannte, in vielen Grund- und Leistungskursen behandelte Werke zurückgegriffen. An den spezifischen Aspekten sollen Sie lernen, die Analyse erzähltechnischer Mittel mit Aspekten der Aussage und textexterner Faktoren (z. B. dem historischen Kontext) zu verbinden.

5.1 Darstellungsformen des Subjektivismus im Roman des Sturm und Drang (Goethe: *Die Leiden des jungen Werther*)

Schreiben Sie spontan auf, wie der folgende Romananfang auf Sie wirkt!

Am 4. Mai 1771

Wie froh bin ich, dass ich weg bin! Bester Freund, was ist das Herz des Menschen! Dich zu verlassen, den ich so liebe, von dem ich unzertrennlich war, und froh zu sein! Ich weiß, du verzeihst mir's. Waren nicht meine übrigen
5   Verbindungen recht ausgesucht vom Schicksal, um ein Herz wie das meine zu ängstigen? Die arme Leonore! Und doch war ich unschuldig. Konnt' ich dafür, dass, während die eigensinnigen Reize ihrer Schwester mir eine angenehme Unterhaltung verschafften, dass eine Leidenschaft in dem armen Herzen sich bildete! Und doch – bin ich ganz unschuldig? Hab' ich nicht
10   ihre Empfindungen genährt? Hab' ich mich nicht an den ganz wahren Ausdrücken der Natur, die uns so oft zu lachen machten, so wenig lächerlich sie waren, selbst ergetzt, hab' ich nicht – O was ist der Mensch, dass er über sich klagen darf! Ich will, lieber Freund, ich verspreche dir's, ich will mich bessern, will nicht mehr ein bisschen Übel, das uns das Schicksal vorlegt,
15   wiederkäuen, wie ich's immer getan habe; ich will das Gegenwärtige genießen, und das Vergangene soll mir vergangen sein. Gewiss, du hast Recht, Bester, der Schmerzen wären minder unter den Menschen, wenn sie nicht – Gott weiß, warum sie so gemacht sind – mit so viel Emsigkeit der Einbildungskraft sich beschäftigten, die Erinnerungen des vergangenen Übels
20   zurückzurufen eher als eine gleichgültige Gegenwart zu ertragen.[19]

---

[19] J. W. von Goethe: *Die Leiden des jungen Werther*, Stuttgart (RUB 67) 2001, S. 5

5. ANALYSE VON ROMANAUSSCHNITTEN

5.2

Info

Goethe, Johann Wolfgang von (* 1749 Frankfurt, † 1832 Weimar): Goethe entstammt einer wohlhabenden Frankfurter Parizierfamilie, studiert in Leipzig und Straßburg Jura und wendet sich früh der Dichtung zu. Mit seiner Übersiedlung nach Weimar kann Goethe die Dichtung und den weltlichen Beruf als Staatsmann – 1779 wird er Geheimer Rat – miteinander in Einklang bringen. Goethe gilt als Repräsentant sowohl der literarischen Bewegung des Sturm und Drang als auch der Klassik. Literarische Produktion in allen drei Gattungen. Eine nicht komplikationslose Freundschaft verbindet ihn mit Friedrich Schiller bis zu dessen Tod 1805. Einige Hauptwerke aus dem umfangreichen Schaffen: *Götz von Berlichingen* (Drama, 1773), *Die Leiden des jungen Werther* (Roman, 1774), *Faust I und II* (Drama, 1808 u. 1832), *Wilhelm Meisters Lehrjahre* (Roman, 1795/96), *Iphigenie auf Tauris* (Drama, 1779), *Egmont* (Drama, 1788), sowie ein umfangreiches lyrisches Werk.

Zählen Sie die in diesem Abschnitt vorkommenden Personalpronomen. Analysieren Sie die Verteilung und ziehen Sie eine Schlussfolgerung!

Der Auszug stammt aus dem 1774 entstandenen und im selben Jahr veröffentlichten Roman *Die Leiden des jungen Werther* von Johann Wolfgang Goethe. Zur Handlung:

> **Inhaltsangabe *Die Leiden des jungen Werther***
> Werther, künstlerisch veranlagt, fantasie- und geistvoll, hält sich einer Erbschaft wegen in einer Kleinstadt auf. Wanderungen eröffnen ihm die herrliche Landschaft und bringen ihn einfachen Menschen nahe. Bei einem Ball lernt er Lotte kennen, später ihre Geschwister, denen sie die tote Mutter ersetzt. Obwohl sich Lotte dem strebsam-nüchternen Albert versprochen hat, hofft Werther zunächst. Um sich und ihr zu entfliehen, nimmt er eine Stelle an, wird aber von einem pedantischen Gesandten getadelt und von bornierten Adligen gedemütigt. Er demissioniert, bleibt kurz bei einem gastlichen Fürsten, folgt aber seiner verdüsternden Leidenschaft, die zur nun verheirateten Lotte zurückdrängt. Werther entgleitet sich und der Wirklichkeit. Zum Abschied umarmt er Lotte, die anderntags seinem Bedienten die erbetenen Pistolen ausleiht. Der erste Brief ist vom Mai 1771; im Dezember 1772 erschießt sich Werther.[20]

Der Roman hatte eine enorme Wirkung; einige unglückliche junge Männer folgten sogar dem Beispiel Werthers und töteten sich selbst, sodass sich der Autor in der zweiten Auflage zu einem mahnenden Vorwort genötigt sah. In ihrer Radikalität und Gefühls-Subjektivität sind *Die Leiden des jungen Werthers* repräsentativ für die Epoche des Sturm und Drang gegen Ende des 18. Jahrhunderts. Zwar zählen zu den literarischen Glanzpunkten dieses Zeitraums vor allem Gedichte und Dramen von Goethe, Schiller, Lenz, Klinger, Bürger u. a. Der Roman ist wegen seiner stärkeren Reflexivität und Ausführlichkeit eher unterrepräsentiert, doch stellen *Die Leiden des jungen Werthers* eine gewichtige Ausnahme dar. Kennzeichen des Sturm und Drang sind:

Die relativ jungen Dichter sind erfüllt vom eigenen ‚Genius', von der genialen, schöpferischen Kraft des Dichters. Sie schätzen unkonventionelle Originalität höher als bekannte Regeln. Damit wenden sie sich auch gegen das Lehrhafte der Aufklärung, von der sie andererseits Ideen übernehmen:

---

[20] *Harenbergs Literaturlexikon*, S. 625 f.

5. ANALYSE VON ROMANAUSSCHNITTEN

- kritisches Denken
- die Freiheitsidee
- Selbstbewusstsein des Individuums
- den Kampf gegen weltanschauliche und religiöse Dogmen

Kennzeichen sind darüber hinaus:
- Kritik einer einseitigen Verherrlichung der Vernunft
- Betonung des Gefühls, des Subjektiven
- Idealisierung der Natur und des Natürlichen
- Anklage politischer und sozialer Zustände
- Ablehnung der Regelpoetik
- Erlebnis- und Gefühlssprache
- Shakespeare als Vorbild
- zum Teil politisch revolutionäre Anschauungen
- menschliche und politische Freiheit als bevorzugtes Thema[21]

Stilmittel der Subjektivität sind
- die Ich-Erzählsituation,
- Übertreibungen, Hochgestimmtheit der Sprache,
- Ausrufe und Fragen als Zeichen der Aufregung,
- keine Distanz zum Erzählgegenstand.
Welche dieser Stilmittel sind im Romananfang enthalten?

Wie würden Sie Werthers Gefühl in diesen ersten Zeilen des Romans beschreiben? Welche Rolle spielt der Freund?

Überlegen Sie, warum die vergleichsweise selten verwendete Gattung des Briefromans den Anliegen des Sturm und Drang entgegenkommt.

Eine wichtige Rolle, wie in der gesamten Dichtung des Sturm und Drang, spielt auch in Goethes Roman die Natur. Lesen Sie die folgenden drei Briefe, in denen Natur zum Thema wird.

Am 10. Mai

Eine wunderbare Heiterkeit hat meine ganze Seele eingenommen, gleich den süßen Frühlingsmorgen, die ich mit ganzem Herzen genieße. Ich bin so allein und freue mich so meines Lebens in dieser Gegend, die für solche
5 Seelen geschaffen ist wie die meine. Ich bin so glücklich, mein Bester, so ganz in dem Gefühl von ruhigem Dasein versunken, dass meine Kunst darunter leidet. Ich könnte jetzt nicht zeichnen, nicht einen Strich, und bin nie

---
[21] Nach Rolf Schmitt: *Grundwissen Deutsch*, Bamberg 1991, S. 107

ein größerer Maler gewesen als in diesen Augenblicken. Wenn das liebe Tal um mich dampft, und die hohe Sonne an der Oberfläche der undurch-
10 dringlichen Finsternis meines Waldes ruht, und nur einzelne Strahlen sich in das innere Heiligtum stehlen, ich dann im hohen Grase am fallenden Bache liege, und näher an der Erde tausend mannigfaltige Gräschen mir merkwürdig werden; wenn ich das Wimmeln der kleinen Welt zwischen Halmen, die unzähligen, unergründlichen Gestalten all der Würmchen, der
15 Mückchen näher an meinem Herzen fühle, und fühle die Gegenwart des Allmächtigen, der uns all nach seinem Bilde schuf, das Wehen des Allliebenden, der uns in ewiger Wonne schwebend trägt und erhält; mein Freund! wenn's dann um meine Augen dämmert und die Welt um mich her und Himmel ganz in meiner Seele ruhn wie die Gestalt einer Geliebten; dann
20 sehne ich mich oft und denke: ach könntest du das wieder ausdrücken, könntest du dem Papier das einhauchen, was so voll, so warm in dir lebt, dass es würde der Spiegel deiner Seele, wie deine Seele ist der Spiegel des unendlichen Gottes! – Mein Freund – Aber ich gehe darüber zu Grunde, ich erliege unter der Gewalt der Herrlichkeit dieser Erscheinungen. (…)

25 *Am 30. Aug.*
Unglücklicher! Bist du nicht ein Tor? Betriegst du dich nicht selbst? Was soll all diese tobende, endlose Leidenschaft? Ich habe kein Gebet mehr als an sie; meiner Einbildungskraft erscheint keine andere Gestalt als die ihrige, und alles in der Welt um mich her sehe ich nur im Verhältnisse mit ihr. Und das
30 macht mir denn so manche glückliche Stunde – bis ich mich wieder von ihr losreißen muss! Ach, Wilhelm! wozu mich mein Herz oft drängt! – Wenn ich so bei ihr gesessen bin, zwei, drei Stunden, und mich an ihrer Gestalt, an ihrem Betragen, an dem himmlischen Ausdruck ihrer Worte geweidet habe und nun so nach und nach alle meine Sinnen aufgespannt werden, mir's
35 düster vor den Augen wird, ich kaum was noch höre und mich's an die Gurgel fasst wie ein Meuchelmörder, dann mein Herz in wilden Schlägen den bedrängten Sinnen Luft zu machen sucht und ihre Verwirrung vermehrt – Wilhelm, ich weiß oft nicht, ob ich auf der Welt bin! Und, – wenn nicht manchmal die Wehmut das Übergewicht nimmt und Lotte mir den elenden
40 Trost erlaubt, auf ihrer Hand meine Beklemmung auszuweinen, – so muss ich fort, muss hinaus! Und schweife dann weit im Felde umher; einen jähen Berg zu klettern ist dann meine Freude, durch einen unwegsamen Wald einen Pfad durchzuarbeiten, durch die Hecken, die mich verletzen, durch die Dornen, die mich zerreißen! Da wird mir's etwas besser! Etwas! Und
45 wenn ich für Müdigkeit und Durst manchmal unterwegs liegen bleibe, manchmal in der tiefen Nacht, wenn der hohe Vollmond über mir steht, im einsamen Walde auf einen krummgewachsenen Baum mich setze, um meinen verwundeten Sohlen nur einige Linderung zu verschaffen, und dann in einer ermattenden Ruhe in dem Dämmerscheine hinschlummre! O Wilhelm!

die einsame Wohnung einer Zelle, das härene Gewand und der Stachelgürtel wären Labsale, nach denen meine Seele schmachtet. Adieu! Ich seh all dieses Elends kein Ende als das Grab. (...)

Am 12. Dez.

Lieber Wilhelm, ich bin in einem Zustande, in dem jene Unglücklichen gewesen sein müssen, von denen man glaubte, sie würden von einem bösen Geiste umhergetrieben. Manchmal ergreift mich's; es ist nicht Angst, nicht Begier – es ist ein inneres unbekanntes Toben, das meine Brust zu zerreißen droht, das mir die Gurgel zupresst! Wehe! wehe! und dann schweif ich umher in den furchtbaren nächtlichen Szenen dieser menschenfeindlichen Jahreszeit. Gestern Abend musst ich hinaus. (...) Ich hatte gehört, der Fluss sei übergetreten, alle Bäche geschwollen und von Wahlheim herunter all mein liebes Tal überschwemmt! Nachts nach eilfe rannt ich hinaus. Ein fürchterliches Schauspiel, vom Fels herunter die wühlenden Fluten in dem Mondlichte wirbeln zu sehn, über Äcker und Wiesen und Hecken und alles, und das weite Tal hinauf und hinab eine stürmende See im Sausen des Windes! Und wenn denn der Mond wieder hervortrat und über der schwarzen Wolke ruhte und vor mir hinaus die Flut in fürchterlich herrlichem Widerschein rollte und klang: da überfiel mich ein Schauer und wieder ein Sehnen! Ach! Mit offenen Armen stand ich gegen den Abgrund und atmete hinab! hinab! und verlor mich in der Wonne, meine Qualen, mein Leiden da hinabzustürmen! dahinzubrausen wie die Wellen! Oh! Und den Fuß vom Boden zu heben vermochtest du nicht, und alle Qualen zu enden! – Meine Uhr ist noch nicht ausgelaufen, ich fühl's! O Wilhelm! wie gern hätt ich all mein Menschsein drum gegeben, mit jenem Sturmwinde die Wolken zu zerreißen, die Fluten zu fassen! Ha! Und wird nicht vielleicht dem Eingekerkerten einmal diese Wonne zuteil? –[22]

Wenn Sie in einer zu untersuchenden Stelle ein zentrales Motiv vorfinden, bildet dieses natürlich das Zentrum der Interpretation. Enthält die Textstelle mehrere zentrale Motive, so ist zu überprüfen, wie sich diese aufeinander beziehen. Abschließend sollte untersucht werden, welche Bedeutung diesen Motiven in Bezug auf die literarhistorische Epoche zukommt, in der das entsprechende Werk entstanden ist.
In den drei Briefen zur Natur liegen zwei zentrale Motive vor, nämlich die Sicht auf die Natur und Werthers eigene Gefühlslage. Ziel der folgenden Übungen soll es sein, das **inhaltliche Verhältnis beider Motive zueinander** zu bestimmen, eine etwaige **Entwicklung** herauszuarbeiten und die **sprachliche Gestaltung** zu untersuchen, um zu einem angemessenen Ver-

---

[22] Goethe, *Werther*, S. 7 f./S. 65 f./S. 121 f.

5. ANALYSE VON ROMANAUSSCHNITTEN

ständnis der Briefe in Bezug auf den gesamten Roman zu kommen. Abschließend soll noch die Bedeutung der Briefe im Zusammenhang der Sicht auf die Natur im Sturm und Drang berührt werden.

5.6 Stellen Sie alle Äußerungen zusammen, mit denen Werther direkt auf seine Gefühlslage eingeht.

5.7 Stellen Sie alle Äußerungen über die Natur im ersten Brief (10. Mai) zusammen und bestimmen Sie den Zusammenhang zwischen Natur und Gefühlslage.
Verfahren Sie ebenso mit dem 2. und 3. Brief! Gehen Sie auf den Wandel von Werthers Sicht auf die Natur ein.

5.8 Untersuchen Sie die Sprache der drei Briefe nach
- Wortwahl
- Satzbau
- Metaphorik und rhetorischen Mitteln.

5.9 Geben Sie zusammenfassend eine Einschätzung der Bedeutung der Natur für Werther und vergleichen Sie diese mit der Bedeutung des Natur-Motivs für den Sturm und Drang. Ziehen Sie dazu ein Literaturlexikon zurate.

5.10 Verfassen Sie eine geschlossene Interpretation der drei Briefe in Bezug auf den ganzen Roman. Wenn Sie den *Werther* schon kennen, sollte Ihnen das keine Schwierigkeiten bereiten. Ansonsten beziehen Sie sich auf die abgedruckte Inhaltsangabe auf S. 80. (Ohne Lösungsvorschlag)

Viele Passagen in Romanen sind **dialogisch** gestaltet, d. h. sie enthalten einen hohen Anteil an wörtlicher Rede. Bei der Interpretation treten gegenüber den erzähltechnischen Kriterien stärker Aspekte der **Gesprächsanalyse** in den Vordergrund.

5. ANALYSE VON ROMANAUSSCHNITTEN

> **Leitfragen zur Gesprächsanalyse**
> - Welche Art von Gespräch liegt vor? (Streitgespräch, Beziehungsgespräch, Bewerbungsgespräch ...)
> - Wer sind die Gesprächspartner?
>   - Verfügen sie über den gleichen Erfahrungshorizont?
>   - Wie ist die Rollenverteilung zu Beginn des Gesprächs?
>   - Welchen Erwartungshorizont haben die Gesprächspartner zu Beginn des Gesprächs?
> - In welchen situativen Kontext ist das Gespräch eingebettet? Bestehen zwischen den Gesprächspartnern Konflikte, die nicht unmittelbar im Gespräch thematisiert werden, es aber dennoch untergründig bestimmen?
> - Worüber wird gesprochen? (Gesprächsinhalt)
> - Ist bei den Sprechern eine bestimmte Strategie erkennbar?
> - Gehen die Gesprächspartner aufeinander ein oder reden sie aneinander vorbei?
> - Reden die Gesprächspartner offen miteinander?
> - Welche Sprache verwenden die Sprecher? (Sprachanalyse)
> - Was ist das Ergebnis des Gesprächs? Kann man das Gespräch als gelungen bezeichnen?

Diese Liste ist zwar nicht zu jedem Gespräch Punkt für Punkt abzuarbeiten, enthält aber wichtige Hinweise und feste Größen für die Untersuchung dialogischer Passagen. Wie dies praktisch funktioniert, soll im Folgenden Schritt für Schritt geübt werden.

Gegenpol zu Werther im Buch ist, nicht nur hinsichtlich der Konkurrenz um Lotte, Albert. Er ist Beamter, lebt für seine Arbeit, ist bestrebt, seiner künftigen Familie gesicherte Verhältnisse zu garantieren. Er wirkt überlegt, folgt verstandesmäßigen Grundsätzen der Aufklärung, wird insgesamt nicht unsympathisch, wohl aber (aus Werthers Sicht) etwas langweilig beschrieben.

Anlässlich einer Begegnung zwischen den beiden kommt es zu einer heftigen Debatte über den Selbstmord. Werther nimmt eine ungeladene Pistole und täuscht spielerisch den später tatsächlich vollzogenen Selbstmord vor, vermutlich um Albert zu reizen. Der reagiert empört. In diesem Zusammenhang ist es wichtig zu wissen, dass der Selbstmord im 18. Jahrhundert sowohl von der Kirche als auch von Vertretern der Aufklärung aufs Schärfste verurteilt wurde. Im Folgenden lesen Sie einen Auszug aus dieser Selbstmord-Debatte:

(…) Zwar – Nun weißt du, dass ich den Menschen sehr lieb habe bis auf seine Zwar; denn steht sich's nicht von selbst, dass jeder allgemeine Satz Ausnahmen leidet? Aber so rechtfertig ist der Mensch! Wenn er glaubt, etwas Übereiltes, Allgemeines, Halbwahres gesagt zu haben: So hört er dir
5 nicht auf zu limitieren, zu modifizieren und ab- und zuzutun, bis zuletzt gar nichts mehr an der Sache ist. Und bei diesem Anlass kam er sehr tief in Text: Ich hörte endlich gar nicht weiter auf ihn, verfiel in Grillen, und mit einer auffahrenden Gebärde drückte ich mir die Mündung der Pistole übers' rechte Aug' an die Stirn. – Pfui!, sagte Albert, indem er mir die Pistole herab-
10 zog, was soll das? – Sie ist nicht geladen, sagte ich. – Und auch so, was soll's? versetzte er ungeduldig. Ich kann mir nicht vorstellen, wie ein Mensch so töricht sein kann, sich zu erschießen; der bloße Gedanke erregt mir Widerwillen.

Dass ihr Menschen, rief ich aus, um von einer Sache zu reden, gleich
15 sprechen müsst: Das ist töricht, das ist klug, das ist gut, das ist bös! Und was will das alles heißen? Habt ihr deswegen die inneren Verhältnisse einer Handlung erforscht? Wisst ihr mit Bestimmtheit die Ursachen zu entwickeln, warum sie geschah, warum sie geschehen musste? Hättet ihr das, ihr würdet nicht so eilfertig mit euren Urteilen sein.

20 Du wirst mir zugeben, sagte Albert, dass gewisse Handlungen lasterhaft bleiben, sie mögen geschehen, aus welchem Beweggrunde sie wollen.
Ich zuckte die Achseln und gab's ihm zu. – Doch, mein Lieber, fuhr ich fort, finden sich auch hier einige Ausnahmen. Es ist wahr, der Diebstahl ist ein Laster: Aber der Mensch, der, um sich und die Seinigen vom gegenwärtigen
25 Hungertode zu erretten, auf Raub ausgeht, verdient der Mitleiden oder Strafe? Wer hebt den ersten Stein auf gegen den Ehemann, der im gerechten Zorne sein untreues Weib und ihren nichtswürdigen Verführer aufopfert? Gegen das Mädchen, das in einer wonnevollen Stunde sich in den unaufhaltsamen Freuden der Liebe verliert? Unsere Gesetze selbst, diese kaltblütigen Pedan-
30 ten, lassen sich rühren und halten ihre Strafe zurück.

Das ist ganz was andres, versetzte Albert, weil ein Mensch, den seine Leidenschaften hinreißen, alle Besinnungskraft verliert und als ein Trunkener, als ein Wahnsinniger angesehen wird.

Ach, ihr vernünftigen Leute! rief ich lächelnd aus. Leidenschaft! Trunken-
35 heit! Wahnsinn! Ihr steht so gelassen, so ohne Teilnehmung da, ihr sittlichen Menschen! Scheltet den Trinker, verabscheut den Unsinnigen, geht vorbei wie der Priester und dankt Gott wie der Pharisäer, dass er euch nicht gemacht hat wie einen von diesen. Ich bin mehr als einmal trunken gewesen, meine Leidenschaften waren nie weit vom Wahnsinn, und beides reut mich
40 nicht: Denn ich habe in meinem Maße begreifen lernen, wie man alle außerordentlichen Menschen, die etwas Großes, etwas Unmöglichscheinendes wirkten, von jeher für Trunkene und Wahnsinnige ausschreien musste.

5. ANALYSE VON ROMANAUSSCHNITTEN

Aber auch im gemeinen Leben ist's unerträglich, fast einem jeden bei halbwegs einer freien, edlen, unerwarteten Tat nachrufen zu hören: Der Mensch ist trunken, der ist närrisch! Schämt euch, ihr Nüchternen! Schämt euch, ihr Weisen!

Das sind nun wieder von deinen Grillen, sagte Albert, du überspannst alles, und hast wenigstens hier gewiss Unrecht, dass du den Selbstmord, wovon jetzt die Rede ist, mit großen Handlungen vergleichst: Da man es doch für nichts anders als eine Schwäche halten kann. Denn freilich ist es leichter zu sterben, als ein qualvolles Leben standhaft zu ertragen.

Ich war im Begriff abzubrechen; denn kein Argument bringt mich so aus der Fassung, als wenn einer mit einem unbedeutenden Gemeinspruche angezogen kommt, wenn ich aus ganzem Herzen rede. (…)[23]

Beschreiben Sie, wer die Gesprächspartner sind und wie ihr Verhältnis zueinander ist.

Zum situativen Kontext: Werther möchte sich, weil er einen Ausritt ins Gebirge plant, von Albert eine Pistole leihen – die Gefahr von Räubern war zur damaligen Zeit durchaus ernst zu nehmen. Albert ist prinzipiell bereit, die Pistole zu verleihen, erklärt aber, dass sie nicht geladen sei, und berichtet, dies begründend, von einem Zwischenfall, der noch einmal glimpflich ausgegangen sei. Er deutet damit den Ernst dieser Sache an.
Was außer diesen Informationen zur unmittelbaren Situation gehört noch zum situativen Kontext?

Thema des Gesprächs ist unmittelbar der Selbstmord, aus Werthers Sicht noch zusätzlich der Gegensatz zwischen Verstand und Leidenschaft.
Vervollständigen Sie die folgende Tabelle mit Meinungen zum Selbstmord.

Ansichten zum Selbstmord	
Albert	**Werther**
„töricht"; Widerwillen schon beim Gedanken daran	„innere Verhältnisse einer Handlung"; Ursachen
prinzipiell lasterhaft	„Ausnahmen"

[23] Ebd., S. 53 ff.

5. ANALYSE VON ROMANAUSSCHNITTEN

Das Gespräch wird stellenweise leidenschaftlich geführt, was zeigt, wie wichtig Albert und Werther das Thema „Selbstmord" ist. Für Albert, der an keiner Stelle religiös argumentiert (Selbstmord als Sünde gegen das dem Menschen von Gott geschenkte Leben), liegt der Grund sicherlich darin, dass der Suizid eine Art ‚Gegenbeweis' zur menschlichen Vernunft darstellt und zur damaligen Zeit auch juristisch – Albert ist Staatsbeamter – als Kapitalverbrechen galt.

5.14 Erklären Sie die Motive Werthers in der Selbstmorddebatte, indem Sie auch auf die Hauptmotive des Sturm und Drang (vgl. o.) eingehen.

5.15 Untersuchen Sie das **Gesprächsverhalten** der beiden. Wie gehen sie (nicht) aufeinander ein? Welcher Grad an Emotionalität beherrscht die Sprecher?

5.16 Untersuchen Sie genauer die **Sprache** beider Gesprächspartner.

Von ähnlicher Bedeutung wie der Anfang ist der **Schluss** eines Romans. Dabei stehen beide oft in einem sehr engen Zusammenhang. Gelegentlich werden Motive vom Anfang, möglicherweise sogar wörtlich (vgl. S. 61, *Ein fliehendes Pferd*) am Schluss wieder aufgenommen, um eine bestimmte Entwicklung zu verdeutlichen. Dabei kann der Anfang neben den eigentlichen Funktionen der Exposition – Einführung in Ort, Zeit, Charaktere und Handlung – auch Vorausdeutungen und Spuren zur weiteren Entwicklung der Handlung enthalten.

5.17 Untersuchen Sie unter den genannten Gesichtspunkten nochmals den Anfang des Romans *Die Leiden des jungen Werther*.
(Ohne Lösungsvorschlag)

Auch dient der Schluss nicht nur der Abrundung der Handlung. Je nachdem, ob es sich um ein offenes oder geschlossenes Ende handelt, kann neben dem Abschluss der Haupthandlung auch ein Ausblick auf Möglichkeiten des weiteren Geschehens erfolgen.
Lesen Sie jetzt den Schluss des Romans.

Ein Nachbar sah den Blick vom Pulver und hörte den Schuss fallen; da aber alles stille blieb, achtete er nicht weiter drauf.
Morgens um sechse tritt der Bediente herein mit dem Lichte. Er findet seinen Herrn an der Erde, die Pistole und Blut. Er ruft, er fasst ihn an; keine
5   Antwort, er röchelte nur noch. Er läuft nach den Ärzten, nach Alberten. Lotte hört die Schelle ziehen, ein Zittern ergreift alle ihre Glieder. Sie weckt ihren Mann, sie stehen auf, der Bediente bringt heulend und stotternd die Nachricht, Lotte sinkt ohnmächtig vor Alberten nieder.

5. ANALYSE VON ROMANAUSSCHNITTEN

Als der Medicus zu dem Unglücklichen kam, fand er ihn an der Erde ohne
Rettung, der Puls schlug, die Glieder waren alle gelähmt. Über dem rechten
Auge hatte er sich durch den Kopf geschossen, das Gehirn war herausgetrieben. Man ließ ihm zum Überfluss eine Ader am Arme, das Blut lief, er
holte noch immer Atem.

Aus dem Blut auf der Lehne des Sessels konnte man schließen, er habe sitzend vor dem Schreibtische die Tat vollbracht, dann ist er herunter gesunken, hat sich konvulsivisch um den Stuhl herumgewälzt. Er lag gegen das
Fenster entkräftet auf dem Rücken, war in völliger Kleidung, gestiefelt, im
blauen Frack mit gelber Weste.

Das Haus, die Nachbarschaft, die Stadt kam in Aufruhr. Albert trat herein.
Werthern hatte man auf das Bette gelegt, die Stirn verbunden, sein Gesicht
schon wie eines Toten, er rührte kein Glied. Die Lunge röchelte noch fürchterlich, bald schwach, bald stärker; man erwartete sein Ende.

Von dem Weine hatte er nur ein Glas getrunken. *Emilia Galotti* lag auf dem
Pulte aufgeschlagen. Von Alberts Bestürzung, von Lottens Jammer lasst mich
nichts sagen.

Der alte Amtmann kam auf die Nachricht hereingesprengt, er küsste den
Sterbenden unter den heißesten Tränen. Seine ältesten Söhne kamen bald
nach ihm zu Fuße, sie fielen neben dem Bette nieder im Ausdruck des unbändigsten Schmerzes, küssten ihm die Hände und den Mund, und der
älteste, den er immer meisten geliebt, hing an seinen Lippen, bis er verschieden war und man den Knaben mit Gewalt wegriss. Um zwölfe mittags starb
er. Die Gegenwart des Amtmannes und seine Anstalten tuschten einen Auflauf. Nachts gegen eilfe ließ er ihn an der Stätte begraben, die er sich erwählt
hatte. Der Alte folgte der Leiche und die Söhne, Albert vermocht's nicht.
Man fürchtete für Lottens Leben. Handwerker trugen ihn. Kein Geistlicher
hat ihn begleitet.[24]

---

[24] Ebd., S. 152 ff.

5. ANALYSE VON ROMANAUSSCHNITTEN

5.18 Tragen Sie alle Informationen aus dem Romanschluss zusammen!

***Werther:* Romanschluss**
– Selbstmord Werthers durch Erschießen
–
–
–
–
→

Inwieweit wird die Handlung abgeschlossen, inwieweit wird sie offen gehalten?

5.19 Untersuchen Sie nun den Romanschluss detailliert nach Stimmung, Erzählsituation, Darstellungsform und Sprache.

5.20 Verfassen Sie eine geschlossene Darstellung des Romanschlusses und vergleichen Sie ihn mit dem Anfang! (Ohne Lösungsvorschlag)

5.2 Andeutungen, Raumgestaltung, Aufbau – Darstellungsmittel der Gesellschaftskritik im sozialen Roman (Fontane: *Effi Briest*)

Wie jede Art von Kunst setzt sich auch der Roman mit den gesellschaftlichen Verhältnissen seiner Zeit auseinander. Auf Grund seiner Länge lädt er zur Reflexion, zum Abwägen von Argumenten und zur Darstellung komplexer Verhältnisse in besonderem Maße ein, so dass man ab dem 19. Jahrhundert auch von der Gattung des **Zeitromans** spricht. Wichtig wurden die schon bei den Klassikern des 18. Jahrhunderts entwickelten **Techniken der Dialogführung** und der **pointierten Charakterzeichnung**. So vollzieht sich die Gesellschaftskritik weniger durch eine abbildgetreue Darstellung der Lebensverhältnisse als vielmehr durch eine breit gestreute Palette von Charakteren und Situationen, die meist eine versöhnliche, stellenweise aber auch eine polemische Tendenz aufweisen.

Das trifft auch für einen der bedeutendsten deutschen sozialen Romane zu, *Effi Briest* von Theodor Fontane aus dem Jahr 1894/95.

5. ANALYSE VON ROMANAUSSCHNITTEN

Inhaltsangabe *Effi Briest*
Die 17-jährige Effi, Tochter des Ritterschaftsrats von Briest auf Hohen-Cremmen, folgt dem fast doppelt so alten Landrat Baron von Innstetten als Ehefrau in sein Haus im hinterpommerschen Kessin. Der Ehe des unerfahrenen und lebensfrohen Mädchens mit dem prinzipientreuen und korrekten, doch hölzernen Innstetten fehlt die Liebe, und die neue Umgebung macht der fantasiebegabten Effi Angst: Allerlei Unheimliches bedrängt sie, und auch das gesellschaftliche Leben des Kreises Kessin ist ihr langweilig. Selbst die Geburt der Tochter Annie beseitigt nicht Effis Gefühl der Einsamkeit an der Seite ihres wenig verständnisvollen Mannes. Beinahe ohne eigenes Zutun geht sie eine Liebesbeziehung zu dem verheirateten Major Crampas ein, einem leichtsinnigen und gewandten ,Damenmann' und Prinzipienverächter. Effis Schuldgefühle lassen jedoch keine Leidenschaft aufkommen, und sie folgt bald darauf geradezu erleichtert dem ins Ministerium nach Berlin berufenen Innstetten. Hier findet der Baron nach sechs Jahren ruhigen gemeinsamen Lebens zufällig Crampas' alte Briefe an Effi. Für ihn ist sein Lebensglück zerstört – nicht auf Grund verletzter Gefühle, sondern wegen seines vermeintlichen Ehrverlusts. Die Pflicht, der Moralkodex seines Standes, die Gesellschaft gebieten ihm, wider seinen eigenen Willen und ohne Hass- oder Rachegefühle sich selbst und seine Familie zu ruinieren. Der von Instetten geforderte Crampas fällt im Duell, und Effi muss Mann und Kind verlassen. Auch das elterliche Haus bleibt ihr verschlossen, und so lebt sie zurückgezogen in Berlin. Eine Begegnung mit Annie, die ihr auf Innstettens Betreiben hin fremd geworden ist, führt zum Zusammenbruch Effis. Die Todkranke darf nach Hohen-Cremmen heimkehren, und innerlich versöhnt, auch mit dem vereinsamten und verbitterten Innstetten, stirbt sie.[25]

Info

Fontane, Theodor (* 1819 Neuruppin, † 1898 Berlin): Als Sohn einer Apothekers geboren, schlägt Fontane selbst diese Berufrichtung ein, entschließt sich jedoch, ab 1849 als freier Schriftsteller zu leben. Tätigkeit als Zeitungsredakteur, u. a. in England, von 1849–1870; zunächst lyrisches Schaffen und Veröffentlichung der *Wanderungen durch die Mark Brandenburg* (5 Bde., 1962–1889). Ab 1878 Veröffentlichung von Romanen, die ihn zum bedeutendsten Vertreter des poetischen Realismus machen, z. B. *Vor dem Sturm* (1878), *Grete Minde* (1879), *Schach von Wuthenow* (1882), *Frau Jenny Treibel* (1892), *Effi Briest* (1894/95), *Der Stechlin* (1897). Zentrale Themen im Romanwerk Fontanes sind die Gesellschafts- und Milieuschilderung Preußens bzw. Berlins und die Darstellung von Menschen-, besonders Frauenschicksalen.

Fontanes Roman, das zeigt bereits die Inhaltsangabe, ist die inhaltlich weitgehend geschlossene Darstellung eines Frauenschicksals seiner Zeit. Jedoch erschöpft sich die Darstellung nicht in der bloßen Wiedergabe einer Geschichte. Um Beziehungen und Querverbindungen im Roman herzustellen, gibt Fontane zahlreiche **An-** und **Vorausdeutungen,** welche die einzelnen Passagen vielschichtiger und mehrdeutiger machen.
Ein bedeutendes Beispiel dafür ist der Romananfang. Wie man sich eine solche andeutungsreiche Stelle erschließt, soll nun gezeigt werden.

---

[25] *Harenbergs Literaturlexikon*, S. 277 f.

5. ANALYSE VON ROMANAUSSCHNITTEN

In Front des schon seit Kurfürst Georg Wilhelm von der Familie von Briest bewohnten Herrenhauses zu Hohen-Cremmen fiel heller Sonnenschein auf die mittagsstille Dorfstraße, während nach der Park- und Gartenseite hin ein rechtwinklig angebauter Seitenflügel einen breiten Schatten erst auf einen
5 weiß und grün quadrierten Fliesengang und dann über diesen hinaus auf ein großes, in seiner Mitte mit einer Sonnenuhr und an seinem Rande mit Canna indica und Rhabarberstauden besetztes Rondell warf. Einige zwanzig Schritte weiter, in Richtung und Lage genau dem Seitenflügel entsprechend, lief eine ganz in kleinblättrigem Efeu stehende, nur an einer Stelle von einer
10 kleinen weiß gestrichenen Eisentür unterbrochene Kirchhofsmauer, hinter der der Hohen-Cremmener Schindelturm mit seinem blitzenden, weil neuerdings erst wieder vergoldeten Wetterhahn aufragte. Fronthaus, Seitenflügel und Kirchhofsmauer bildeten ein einen kleinen Ziergarten umschließendes Hufeisen, an dessen offener Seite man eines Teiches mit Wassersteg und
15 angekettelten Boot und dicht daneben einer Schaukel gewahr wurde, deren horizontal gelegtes Brett zu Häupten und Füßen an je zwei Stricken hing – die Pfosten der Balkenlage schon etwas schief stehend. Zwischen Teich und Rondell aber und die Schaukel halb versteckend standen ein paar mächtige alte Platanen.
20 Auch die Front des Herrenhauses – eine mit Aloekübeln und ein paar Gartenstühlen besetzte Rampe – gewährte bei bewölktem Himmel einen angenehmen und zugleich allerlei Zerstreuung bietenden Aufenthalt; an Tagen aber, wo die Sonne niederbrannte, wurde die Gartenseite ganz entschieden bevorzugt, besonders von Frau und Tochter des Hauses, die denn auch
25 heute wieder auf dem im vollen Schatten liegenden Fliesengang saßen, in ihrem Rücken ein paar offene, von wildem Wein umrankte Fenster, neben sich eine vorspringende kleine Treppe, deren vier Steinstufen vom Garten aus in das Hochparterre des Seitenflügels hinaufführten.[26]

Beschreiben Sie die Einleitung zu *Effi Briest* nach Inhalt und Sprache. Warum ist diese Form der Einleitung möglicherweise ungewöhnlich?

Die Exposition, der Begriff stammt eigentlich aus der Dramentheorie, hat die Funktion, den Leser in Ort, Zeit und wesentliche Personen der Handlung einzuführen. Da am Anfang nicht zu viel verraten werden soll und um einen Spannungsbogen im Gesamtwerk herzustellen, arbeiten Autoren oft mit **Vorausdeutungen**. Dabei handelt es sich um Motive, die im weiteren Verlauf des Romans nochmals auftauchen und bedeutsam werden. Diese Bedeutung lässt sich natürlich am Anfang noch nicht erahnen, wohl aber kann man den **Umgang mit Andeutungen** trainieren. Dazu eignet sich die Einleitung zu *Effi Briest* in ganz besonderem Maße.

---

[26] Theodor Fontane: *Effi Briest*, Hollfeld (= Königs Lektüren 3007) 1997, S. 3

5. ANALYSE VON ROMANAUSSCHNITTEN

Versuchen Sie die Bedeutung der folgenden vorausweisenden Andeutungen – an und für sich und im Bezug auf die Romanhandlung – zu erschließen. Nehmen Sie die Inhaltsangabe des Romans auf S. 91 zu Hilfe.

S.22

„heller Sonnenschein" (Z. 2)   → unbeschwertes Glück

„mittagsstille Dorfstraße" (Z. 3)   → _____

„rechtwinklig" (Z. 4)   → _____

„Sonnenuhr" inmitten des „Rondells" (Z. 6 f.)   → _____

„ein einen kleinen Ziergarten umschließendes Hufeisen" (Z. 13 f.)   → _____

„Schaukel" (Z. 15)   → _____

„ein paar offene, von wildem Wein umrankte Fenster" (Z. 26)   → _____

Welche Andeutungen durchbrechen den vorherrschenden glücklichen, unbeschwerten Charakter?

S.23

Welche der nachfolgend angeführten sprachlichen Mittel setzt der Verfasser zur Gestaltung des Anfangs in besonderem Maße ein?
• ausdrucksstarke Verben
• Metaphern
• Adjektive und adverbiale Bestimmungen
• Substantive (Nominalstil)
• Übertreibungen
• komplexe Syntax (Satzbau)

S.24

Der Anfang scheint sich auf die Beschreibung des Ortes zu beschränken. Der Leser erfährt in diesem Auszug anscheinend kaum etwas über die Familie von Briest und über die Zeit. Lesen Sie bitte die Textstelle noch einmal sehr genau und notieren Sie eventuelle Andeutungen über die Familie und die Zeit. Den möglichen Gehalt dieser Andeutungen finden Sie zur Erleichterung vorgegeben.

S.25

93

5. ANALYSE VON ROMANAUSSCHNITTEN

_____ → Wohlstand der Familie, Gutsbesitz

_____ → Tradition, Preußen

_____

_____ → Tradition

S.26 Geben Sie eine zusammenfassende Darstellung des Romananfangs von *Effi Briest*. (Ohne Lösungsvorschlag)

Auf die Bedeutung der **Dialogentwicklung** für den Zeitroman wurde bereits hingewiesen. Der Dialog ist ein wichtiges Mittel, um die Handlung voranzutreiben und Motive der Handelnden offen zu legen. Dialoge in der realistischen Literatur sind meist von ausgewogenem, komplementärem Charakter.
Der folgende Dialog, der mit zu den zentralen Passagen von *Effi Briest* gehört, findet zwischen Effis Mann, Innstetten, und seinem Kollegen und Vertrauten Wüllersdorf unmittelbar nach der Entdeckung der Briefe und damit der Untreue seiner Frau statt. Innstetten handelt spontan in der für einen Mann seines Standes üblichen Weise: Er beabsichtigt, den ‚Ehrabschneider' zum Duell zu fordern, und möchte, dass Wüllersdorf die Forderung überbringt und sein Sekundant beim Zweikampf ist. Ergänzend ist zu erwähnen, dass zum Zeitpunkt der Romanhandlung, im ausgehenden 19. Jahrhundert, das Duell zwar offiziell verboten war, aber weit gehend toleriert und akzeptiert wurde.

„Pardon, Wüllersdorf", empfing ihn Innstetten, „dass ich Sie gebeten habe, noch gleich heute bei mir vorzusprechen. Ich störe niemand gern in seiner Abendruhe, am wenigsten einen geplagten Ministerialrat. Es ging aber nicht anders. Ich bitte Sie, machen Sie sich's bequem. Und hier eine Zigarre."
5 Wüllersdorf setzte sich. Innstetten ging wieder auf und ab und wäre bei der ihn verzehrenden Unruhe gern in Bewegung geblieben, sah aber, dass das nicht gehe. So nahm er denn auch seinerseits eine Zigarre, setzte sich Wüllersdorf gegenüber und versuchte ruhig zu sein.
„Es ist", begann er, „um zweier Dinge willen, dass ich Sie habe bitten lassen:
10 erst, um eine Forderung zu überbringen, und zweitens, um hinterher, in der Sache selbst, mein Sekundant zu sein; das eine ist nicht angenehm und das andere noch weniger. Und nun Ihre Antwort."
„Sie wissen, Innstetten, Sie haben über mich zu verfügen. Aber eh ich die Sache kenne, verzeihen Sie mir die naive Vorfrage: Muss es sein? Wir sind
15 doch über die Jahre weg, Sie, um die Pistole in die Hand zu nehmen, und ich, um dabei mitzumachen. Indessen missverstehen Sie mich nicht, alles dies soll kein ‚Nein' sein. Wie könnte ich Ihnen etwas abschlagen. Aber nun sagen Sie, was ist es?"

„Es handelt sich um einen Galan meiner Frau, der zugleich mein Freund war oder doch beinah."

Wüllersdorf sah Innstetten an. „Innstetten, das ist nicht möglich." „Es ist mehr als möglich, es ist gewiss. Lesen Sie." Wüllersdorf flog darüber hin. „Die sind an Ihre Frau gerichtet?" „Ja. Ich fand sie heut in ihrem Nähtisch." „Und wer hat sie geschrieben?" „Major Crampas."

„Also Dinge, die sich abgespielt, als sie noch in Kessin waren?" Innstetten nickte.

„Liegt also sechs Jahre zurück oder noch ein halb Jahr länger." „Ja."

Wüllersdorf schwieg. Nach einer Weile sagte Innstetten: „Es sieht fast so aus, Wüllersdorf, als ob die sechs oder sieben Jahre einen Eindruck auf Sie machten. Es gibt eine Verjährungstheorie, natürlich, aber ich weiß doch nicht, ob wir hier einen Fall haben, diese Theorie gelten zu lassen."

„Ich weiß es auch nicht", sagte Wüllersdorf. „Und ich bekenne Ihnen offen, um diese Frage scheint sich hier alles zu drehen."

Innstetten sah ihn groß an. „Sie sagen das in vollem Ernst?"

„In vollem Ernst. Es ist keine Sache, sich in jeu d'esprit oder in dialektischen Spitzfindigkeiten zu versuchen."

„Ich bin neugierig, wie Sie das meinen. Sagen Sie mir offen, wie stehen Sie dazu?"

„Innstetten, Ihre Lage ist furchtbar, und Ihr Lebensglück ist hin. Aber wenn Sie den Liebhaber totschießen, ist Ihr Lebensglück sozusagen doppelt hin, und zu dem Schmerz über empfangenes Leid kommt noch der Schmerz über getanes Leid. Alles dreht sich um die Frage, müssen Sie's durchaus tun? Fühlen Sie sich so verletzt, beleidigt, empört, dass einer weg muss, er oder Sie? Steht es so?"

„Ich weiß es nicht."

„Sie müssen es wissen."

Innstetten war aufgesprungen, trat ans Fenster und tippte voll nervöser Erregung an die Scheiben. Dann wandte er sich rasch wieder, ging auf Wüllersdorf zu und sagte: „Nein, so steht es nicht."

„Wie steht es dann?"

„Es steht so, das ich unendlich unglücklich bin; ich bin gekränkt, schändlich hintergangen, aber trotzdem, ich bin ohne jedes Gefühl von Hass oder gar Durst nach Rache. Und wenn ich mich frage, warum nicht?, so kann ich zunächst nichts anderes finden als die Jahre. Man spricht immer von unsühnbarer Schuld; vor Gott ist es gewiss falsch, aber vor den Menschen auch. Ich hätte nie geglaubt, dass die Zeit, rein als Zeit, so wirken könne. Und dann als Zweites: Ich liebe meine Frau, ja, seltsam zu sagen, ich liebe sie noch, und so furchtbar ich alles finde, was geschehen, ich bin so sehr im Bann ihrer Liebenswürdigkeit, dass ich mich, mir selbst zum Trotz, in meinem letzten Herzenswinkel zum Verzeihen geneigt fühle."

Wüllersdorf nickte. „Kann ganz folgen, Innstetten, würde mir vielleicht ebenso gehen. Aber wenn Sie so zu der Sache stehen und mir sagen: ‚Ich liebe diese Frau so sehr, dass ich ihr alles verzeihen kann', und wenn wir dann das andere hinzunehmen, dass alles weit, weit zurückliegt, wie ein Geschehnis auf einem andern Stern, wenn es so liegt, Innstetten, so frage ich, wozu die ganze Geschichte?"

„Weil es trotzdem sein muss. Ich habe mir's hin und her überlegt. Man ist nicht bloß ein einzelner Mensch, man gehört einem Ganzen an, und auf das Ganze haben wir beständig Rücksicht zu nehmen, wir sind durchaus abhängig von ihm. Ging' es, in Einsamkeit zu leben, könnt ich es gehen lassen; ich trüge dann die mir aufgepackte Last, das rechte Glück wäre hin, aber es müssen so viele leben ohne dies ‚rechte Glück', und ich würde es auch müssen und – auch können. Man braucht nicht glücklich zu sein, am allerwenigsten hat man einen Anspruch darauf; und den, der einem das Glück genommen hat, den braucht man nicht notwendig aus der Welt zu schaffen. Man kann ihn, wenn man weltabgewandt weiterexistieren will, auch laufen lassen. Aber im Zusammenleben mit den Menschen hat sich ein Etwas ausgebildet, das nun mal da ist und nach dessen Paragrafen wir uns gewöhnt haben alles zu beurteilen, die andern und uns selbst. Und dagegen zu verstoßen geht nicht; die Gesellschaft verachtet uns, und zuletzt tun wir es selbst und können es nicht aushalten und jagen uns die Kugel durch den Kopf. Verzeihen Sie, dass ich Ihnen solche Vorlesung halte, die schließlich doch nur sagt, was sich jeder selber hundertmal gesagt hat. Aber freilich, wer kann was Neues sagen!

Also noch einmal, nichts von Hass oder dergleichen, und um eines Glückes willen, das mir genommen wurde, mag ich nicht Blut an den Händen haben, aber jenes, wenn Sie wollen, uns tyrannisierende Gesellschafts-Etwas, das fragt nicht nach Charme und nicht nach Liebe und nicht nach Verjährung. Ich habe keine Wahl. Ich muss."

„Ich weiß doch nicht, Innstetten ..."

Innstetten lächelte. „Sie sollen selbst entscheiden, Wüllersdorf. Es ist jetzt zehn Uhr. Vor sechs Stunden, diese Konzession will ich Ihnen vorweg machen, hatt' ich das Spiel noch in der Hand, konnt' ich das eine und noch das andere, da war noch ein Ausweg. Jetzt nicht mehr, jetzt stecke ich in einer Sackgasse. Wenn Sie wollen, so bin ich selber schuld daran; ich hätte mich besser beherrschen und bewachen, alles in mir verbergen, alles im eignen Herzen auskämpfen sollen. Aber es kam zu plötzlich, zu stark, und so kann ich mir kaum einen Vorwurf machen, meine Nerven nicht geschickter in Ordnung gehalten zu haben. Ich ging zu Ihnen und schrieb Ihnen einen Zettel, und damit war das Spiel aus meiner Hand. Von dem Augenblicke an hatte mein Unglück und, was schwerer wiegt, der Fleck auf meiner Ehre einen halben Mitwisser, und nach den ersten Worten, die wir hier gewechselt, hat es einen ganzen. Und weil dieser Mitwisser da ist, kann ich nicht mehr zurück."

„Ich weiß doch nicht", wiederholte Wüllersdorf. „Ich mag nicht gerne zu der alten abgestandenen Phrase greifen, aber doch lässt sich's nicht besser sagen: Innstetten, es ruht alles in mir wie in einem Grabe."

105 „Ja, Wüllersdorf, so heißt es immer. Aber es gibt keine Verschwiegenheit. Und wenn Sie's wahr machen und gegen andere die Verschwiegenheit selber sind, so wissen Sie es, und es rettet mich nicht vor Ihnen, dass Sie mir eben ihre Zustimmung ausgedrückt und sogar gesagt haben: ‚Ich kann Ihnen in allem folgen.' Ich bin, und dabei bleibt es, von diesem Augenblicke an ein
110 Gegenstand Ihrer Teilnahme (schon nicht etwas sehr Angenehmes), und jedes Wort, das Sie mich mit meiner Frau wechseln hören, unterliegt Ihrer Kontrolle, Sie mögen wollen oder nicht, und wenn meine Frau von Treue spricht oder, wie Frauen tun, über eine andere zu Gericht sitzt, so weiß ich nicht, wo ich mit meinen Blicken hin soll. Und ereignet sich's gar, dass ich in
115 irgendeiner ganz alltäglichen Beleidigungssache zum Guten rede, ‚weil ja der Dolus fehle' oder so was Ähnliches, so geht ein Lächeln über Ihr Gesicht, oder es zuckt wenigstens darin, und in Ihrer Seele klingt es: ‚Der gute Innstetten, er hat doch eine wahre Passion, alle Beleidigungen auf ihren chemischen Inhalt zu untersuchen, und das richtige Quantum Stickstoff findet er
120 nie. Er ist noch nie an einer Sache erstickt' … habe ich Recht, Wüllersdorf, oder nicht?"
Wüllersdorf war aufgestanden. „Ich finde es furchtbar, dass Sie Recht haben, aber Sie haben Recht. Ich quäle Sie nicht länger mit meinem ‚muss es sein'. Die Welt ist einmal, wie sie ist, und die Dinge verlaufen nicht, wie wir wol-
125 len, sondern wie die andern wollen. Das mit dem ‚Gottesgericht', wie manche hochtrabend versichern, ist freilich ein Unsinn, nichts davon, umgekehrt, unser Ehrenkultus ist ein Götzendienst, aber wir müssen uns ihm unterwerfen, so lange der Götze gilt."
Innstetten nickte.[27]

Ziel der folgenden Übungen ist es, eine zusammenhängende **Darstellung** des Dialogs, eine **Einordnung** in den Romankontext und eine Einschätzung der **Bedeutung** im Hinblick auf die einzelnen Charaktere und den gesamten Roman Schritt für Schritt zu erarbeiten. Dabei sei an dieser Stelle nochmals auf die Kriterien der Gesprächsanalyse (S. 85) verwiesen.

Geben Sie eine knappe Inhaltsangabe des Dialogs im Umfang von ca. 5 Sätzen. Sollten Sie auf direkte Äußerungen Innstettens oder Wüllersdorfs zurückgreifen, denken Sie an korrektes Zitieren oder die indirekte Rede.

Bestimmen Sie das Thema des Gesprächs. Berücksichtigen Sie dabei den Unterschied zwischen Thema und Inhalt!

Um sich einen Überblick über den Gesprächsverlauf zu verschaffen, sollten Sie sich bei umfangreicheren Gesprächen ein **Gesprächsdiagramm** anfertigen. Die folgende Übersicht ist zur Erleichterung bereits vorstrukturiert.

[27] Ebd., S. 231 ff.

5. ANALYSE VON ROMANAUSSCHNITTEN

Tragen Sie in den Leerzeilen stichwortartig Erklärungen und Absichten von Innstetten und Wüllersdorf ein.

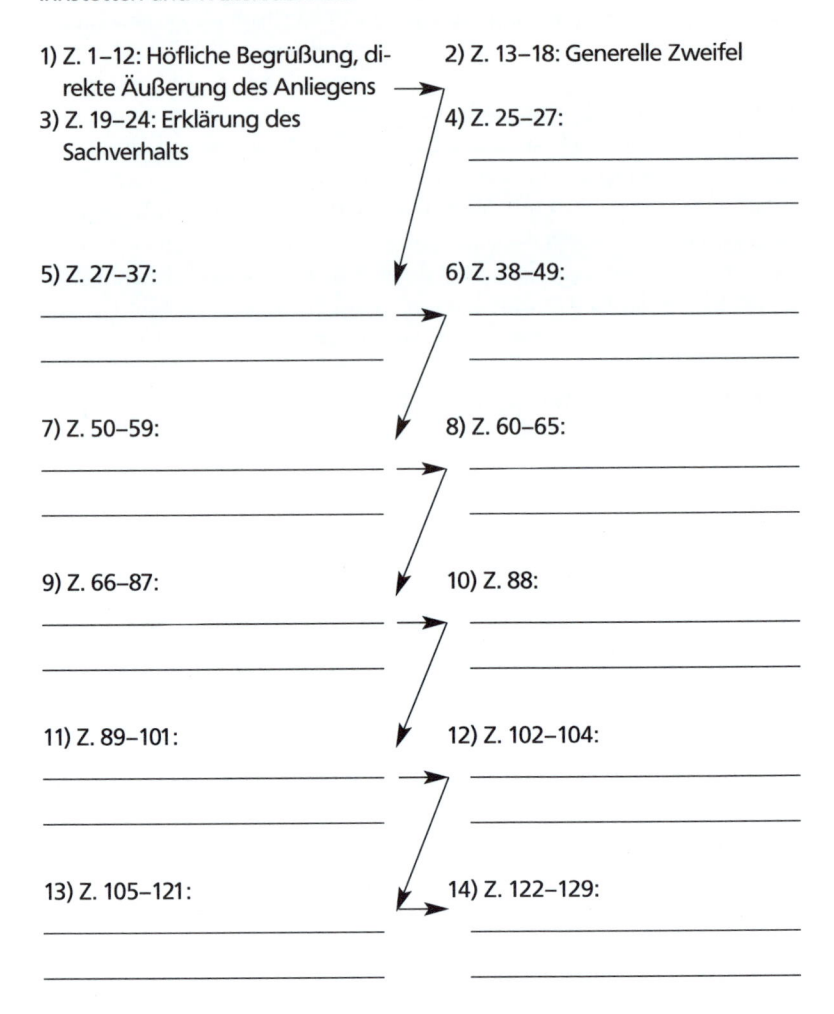

1) Z. 1–12: Höfliche Begrüßung, direkte Äußerung des Anliegens

2) Z. 13–18: Generelle Zweifel

3) Z. 19–24: Erklärung des Sachverhalts

4) Z. 25–27:
_____
_____

5) Z. 27–37:
_____
_____

6) Z. 38–49:
_____
_____

7) Z. 50–59:
_____
_____

8) Z. 60–65:
_____
_____

9) Z. 66–87:
_____
_____

10) Z. 88:
_____
_____

11) Z. 89–101:
_____
_____

12) Z. 102–104:
_____
_____

13) Z. 105–121:
_____
_____

14) Z. 122–129:
_____
_____

S. 30

Beantworten Sie folgende Fragen zur Detailanalyse des Gesprächs:
- Wie sind die Gesprächsanteile verteilt? Welche Gründe gibt es für die spezifische Verteilung?
- Gehen die Gesprächspartner aufeinander ein oder reden sie aneinander vorbei?
- Wie baut Innstetten seine Argumentation auf? Können Sie eine Art „Gesprächsstrategie" erkennen?
- Wie verfährt Wüllersdorf mit Innstettens Bitten und Argumenten?

5. ANALYSE VON ROMANAUSSCHNITTEN

Einige Fragen zur inhaltlichen Erschließung des Gesprächs:
- Innstetten fragt Wüllersdorf rasch und ohne Details zu nennen, ob er die Forderung überbringen und sekundieren könne. Welche Absicht könnte dahinter stecken?
- Wüllersdorf meldet Zweifel an der Sache an, noch bevor er Konkretes weiß. Überlegen Sie mögliche Gründe dafür.
- Wüllersdorf steht vor der heiklen Aufgabe, seine Zweifel an der Richtigkeit von Innstettens Entscheidung zu äußern, ohne seinen ihm freundschaftlich verbundenen Kollegen zu kränken.
Bringen Sie Beispiele für sein indirektes Vorgehen im Gespräch.
- Innstetten scheint sich seiner Sache selbst nicht sicher zu sein. Woran merkt man das?
- Welche echten Argumente werden ausgetauscht?

Wie bewerten Sie Innstettens Argumente:
– Anspruch der Gesellschaft
– Mitwisserschaft Wüllersdorfs?
Halten Sie Innstettens Argumentation für nur vorgeschoben oder für ehrlich? Fertigen Sie eine knappe, begründete Bewertung an!

Das Gespräch führt zu einer Einigung: Trotz aller Zweifel wird Wüllersdorf der Bitte Innstettens entsprechen. Wie erklären Sie sich und wie bewerten Sie Wüllersdorfs Einschwenken auf Innstettens Position?

Eigentlich sind beide nicht vom Duell überzeugt oder sogar direkt dagegen (Wüllersdorf). Sammeln Sie unter Berücksichtigung des Gesprächs und darüber hinaus Argumente für und gegen das Duell.

Charakterisieren Sie die **Sprache** der beiden Dialogpartner.
Mit welchen Mitteln wird die freundschaftlich-verbundene Einstellung der Gesprächspartner zueinander zum Ausdruck gebracht? Inwieweit unterscheidet sie sich von der Sprache zweier enger persönlicher Freunde?

Fertigen Sie abschließend eine zusammenhängende Beschreibung des Gesprächs (ohne Lösungsvorschlag) nach folgender Gliederung an:

1. Einleitung (Textstelle, Werk, Autor, Jahr, Thema)
2. Kontext und Thema des Gesprächs
3. Aufbau (grobe Gliederung: Einleitung des Gesprächs – Auseinandersetzung um die Verjährungstheorie – gesellschaftlicher Zwang – Mitwisserschaft Wüllersdorfs – Einigung)
4. Analyse des Gesprächs
   – Gesprächspartner: Anliegen und Einstellung zueinander

5. ANALYSE VON ROMANAUSSCHNITTEN

   – Gesprächsanteile
   – Art der Kommunikation (offen, verdeckt etc.)
   – Sprache
5. Untersuchung der einzelnen Teile bzw. der Argumentation der Gesprächspartner
6. Bewertung der Argumente
   – im Zusammenhang des Gesprächs
   – im Zusammenhang des Romans
   – über den Roman hinaus (Duell-Frage, allgemein)
7. Folgen des Gesprächs für den weiteren Gang der Handlung

Exkurs: Schreiben über eine Rezension zu einem Roman

Werden Romane zum Gegenstand von Klausuren, haben Sie es meist mit der Analyse ausgewählter, übersichtlicher Textstellen zu tun. Eine Ausnahme bildet lediglich die **literarische Erörterung**, in der eine These zu einem Motiv oder einer Figur des Werks zu diskutieren ist, oder – damit verwandt – das **Schreiben zu einer Rezension**. Hier geht es darum, eine Kritik des betreffenden Werkes hinsichtlich Ihrer Meinung mit Begründung einzuschätzen und vom Text her zu ergänzen oder zu widerlegen. Voraussetzung für diese beiden Formen ist vor allen Dingen eine gute Kenntnis des gesamten Textes. Sie sollten über die wesentlichen Stellen und Tendenzen orientiert sein und in der Lage sein, den Text überblickend zu schreiben, ohne in Allgemeinplätze auszuweichen.

Solches im Rahmen einer Lernhilfe einzuüben, ist relativ schwierig, da dazu der Roman als Ganzes als bekannt vorausgesetzt werden müsste. Dennoch soll an dieser Stelle ein Versuch, unter Zuhilfenahme von Inhaltsangabe und behandelten Textstellen eine Rezension schrittweise zu erschließen und von ihr aus den Roman zu betrachten und möglicherweise zu bewerten, unternommen werden.

Lesen Sie zunächst die folgende Rezension aus dem Erscheinungsjahr der *Effi Briest*, 1895:

Aus einer Rezension von Otto Pniower in der *Deutschen Literaturzeitung*. Nach einer kurzen Inhaltsangabe fährt Pniower fort:

Dies der Inhalt des Romans, dessen Hauptelement nicht Geschehnisse, überhaupt nicht das Stoffliche bildet. Das Ziel des Dichters ist vielmehr überwiegend psychologischer Natur. Auf die feinen Reize des Seelengemäldes hat er es abgesehen. Mit den Mitteln der Kunst will er erklären, wie die
5 arme Effi, die zum Fehltritt nicht gerade disponiert ist, den Verführer nicht eigentlich flieht und von seiner Inferiorität gegenüber dem betrogenen Gatten überzeugt ist, dennoch schuldig werden musste, und sein künstleri-

scher Zweck ist, in dem Leser Mitgefühl mit der Unglücklichen zu erwecken. Beides gelingt ihm in ungewöhnlichem Maße. Eine überreiche, direkte und indirekte Charakteristik enthüllt uns eine Fülle bezeichnender Eigenschaften und Züge und macht uns mit dem komplizierten, reizvollen, schuldig-unschuldigen Wesen der Heldin vertraut. Kontrastfiguren dienen dem Verständnis der psychologischen Aufgabe und heben die Gestalt der Heldin. Was sonst noch unklar bleiben könnte, wird durch den Charakter der Eltern, durch den Hinweis auf die Erziehung Effis erläutert. Auch des Mittels, durch Gespräche Beteiligter auf die Vorgänge Licht zu werfen, bedient sich Fontane vielfach. Bei dieser bedachtsamen Art künstlerischer Motivierung bedarf er, so gering der stoffliche Gehalt des Romans ist, einer beträchtlichen Anzahl von Personen. Dass sie sämtlich interessant sind, ist bei ihm selbstverständlich. Sie stehen aber auch, wenngleich sie zunächst dem künstlerischen Bedürfnis entsprungen und gleichsam nur als Hilfsfiguren zur Charakteristik der Hauptgestalt wirksam sind, dennoch auf eigenen Füßen und führen ihr sicheres Dasein. Man kennt seine Art, in der er mit wenigen charakteristischen Strichen lebendige Personen zu schildern weiß.

Gerne kennzeichnet er derartige Nebenfiguren mit einem Stichwort, indem er ihnen eine Lieblingswendung, eine Lieblingserzählung oder dgl. beilegt. Mit Hilfe dieses nicht kleinen Apparates erreicht denn auch der Dichter, der außer für die poetische Wirkung auch dafür zu sorgen bemüht ist, dass alle verstandesmäßigen Ansprüche befriedigt werden, dass auf jede der Fragen: Musste es so kommen? Musste der Gatte den Galan töten? usw. Antwort erteilt werde, erreicht, dass in dieser Beziehung die Rechnung ohne Rest aufgeht. Es bleibt kein Punkt übrig, über den wir nicht das Für und Wider vernehmen.

Freilich, der Bescheid liegt nicht immer handgreiflich zu Tage. F. ist gerade darin durch und durch Künstler, dass er alles, was zur verstandesmäßigen Aufklärung der Vorgänge dient, möglichst indirekt sagt und in die Erzählung verwebt. Nach dem Muster unserer besten Dichter ist er sorgfältig bestrebt, Reflexion in Handlung aufzulösen. Aber er ist überhaupt nicht der Mann starker Mittel. Sein Ideal ist eine diskrete, verhüllende, aufs Erratenlassen gestellte Kunst. (…) über den Fehltritt selbst (breitet er) geheimnisvolle Schleier. Er sagt nicht direkt, dass er begangen ward und von dem geheimen Verkehr der beiden verrät er so gut wie nichts. Erst das spätere Verhalten Effis lässt ihre Schuld nach und nach ahnen. Damit ist ein Moment der Spannung gegeben, von dem der Dichter aber nach der Richtung der äußeren Wirkung keinen Gebrauch macht. Auch eine andere Gelegenheit dazu lässt er unbenutzt. In mannigfacher Weise, wenn auch mit der ihm eigenen Zurückhaltung, macht er uns zu Zeugen der Seelenqual der büßenden Effi. Zuletzt aber, zwei Jahre nach dem Fehltritt, fiel es allmählich von ihr ab. „Es war einmal gewesen, aber weit, weit weg, wie auf einem andern Stern, und alles löste sich wie ein Nebelbild und wurde Traum." Wie leicht

wäre es gewesen, in scharfem Kontrast zu dem endlich erlangten inneren Frieden die Katastrophe so eintreten zu lassen, dass der Leser in spannende Erregung gerät! Aber nach äußeren Effekten zu streben, liegt ganz außerhalb seiner milden und zarten Kunst, die im eigentlich Epischen überhaupt nicht
55 ihre Stärke sucht, vor allem aber nirgends auf die rohen Instinkte berechnet ist, sondern in stolzer Vornehmheit an die besseren Eigenschaften der Menschen appelliert. In diesem Sinne wird F. in seiner Art anspruchsvoll, indem er die Mitwirkung des Lesers verlangt, die er freilich immer wieder zu reizen weiß. Eine Folge seiner Dezenz ist eine überaus fein ausgebildete Kunst des
60 Vor- und Andeutens, die man erst nach wiederholter Lektüre ganz zu würdigen vermag. Erst da nimmt man wahr, wie schon im Beginn Worte von symbolischer Bedeutung fallen, wie planvoll von vornherein alles auf den tragischen Ausgang angelegt ist.

So waltet in dem Roman die reifste künstlerische Autonomie. Aber höher
65 noch als diese bewunderungswürdige Technik, als die so glänzende Schilderung der adeligen und Beamtensphäre, als den bezaubernden Plauderton in den Dialogen, als die elegante Causerie, kurz als die eigentlich dichterische Leistung möchte ich den prächtigen Geist schätzen, auf den das Werk im Ganzen ruht. Hier spricht die reichste Welterfahrung und eine wahrhaft wei-
70 se Weltanschauung, die in herzgewinnender Unparteilichkeit jeder Erscheinung des Lebens gerecht wird und dem Schönen wie dem Hässlichen, dem Guten wie dem Schlechten seinen gebührenden Platz anweist. Schon aus F.'s Gedichten kennt man diesen kritischen, resignierten, ich möchte sagen, melancholischen Optimismus, die schönste Errungenschaft eines an Ent-
75 täuschungen ehemals gewiss nicht armen Daseins, eines Daseins, das aber so glücklich war, äußeren Hemmungen eine reiche innere Welt voll sinnender Betrachtung entgegenzusetzen und heute den höchsten Gewinn des Lebenskampfes davonträgt: die Harmonie der Seele.
(Nr. 8, Berlin, 22. Februar 1896, Sp. 245–247 [Orthografie leicht angepasst])

Betrachten Sie zunächst den ersten Absatz der Rezension (bis Z. 24):
– Welche wesentlichen Eigenarten des Romans stellt der Verfasser heraus?
– Welche Wirkung wird damit erzielt?

5. ANALYSE VON ROMANAUSSCHNITTEN

1. Überreiche, direkte und indirekte Charakteristik → Personen, v. a. die Heldin im Mittelpunkt
2. _____ → _____
3. _____ → _____
4. _____ → _____

Ansatzweise kritisch sieht Pniower den „Mangel an Stofflichem" in *Effi Briest*. Was ist damit gemeint, und wie könnte der Rezensent zu diesem Eindruck gekommen sein? Stimmen Sie diesem Eindruck zu? S.38

Welche beiden wesentlichen Aspekte greift der Kritiker in Z. 25–33 auf? Welche weiteren Aspekte zur poetischen Wirkung und zur Befriedigung verstandesmäßiger Ansprüche werden im Einzelnen herausgearbeitet? S.39

Pniower hebt einzelne Aspekte der Poetik Fontanes heraus. Stellen Sie diese heraus und nennen Sie möglichst Beispiele aus dem Roman. (Berücksichtigen Sie dazu Inhaltsangabe, Textstellen und auch die Rezension selbst!) S.40

• indirekte Mitteilung	→ Ehebruch wird nicht direkt erwähnt
•	
•	
•	
•	

Fassen Sie das Ergebnis der Rezension Pniowers knapp und mit eigenen Worten zusammen. S.41

Nehmen Sie, soweit möglich, begründet Stellung zur Rezension. Beziehen Sie sich, wenn Sie den Roman kennen, auf das Buch als Ganzes. Wenn nicht, gehen Sie von der Handlung im Groben und von ihnen bekannten Textauszügen aus. S.42

Vergleichen Sie die Stellungnahme der Rezension mit den folgenden Kennzeichen des **poetischen Realismus** und arbeiten Sie das Ergebnis in Ihre Überlegungen mit ein. (Ohne Lösungsvorschlag) S.43

103

Poetischer Realismus ca. 1850–1890

Mit „Realismus" werden in der Literaturgeschichte unterschiedliche Strömungen des 19. Jahrhunderts bezeichnet, deren Vertreter die Darstellung von gegebenen Tatsachen und Verhältnissen bevorzugen. Im weitesten Sinn gehört zu diesen realistischen Strömungen auch der Naturalismus.

Unter „poetischem Realismus" versteht man die literarische Epoche von ca. 1850–1890, die neben der Hinwendung zur Wirklichkeit eine – durch unterschiedliche Mittel erreichte – Verklärung der Wirklichkeit erreicht. Diese Zeitspanne wird auch mit „bürgerlicher Realismus" bezeichnet. Mit diesem Begriff wird betont, dass das Bürgertum zur eigentlichen Trägerschicht von Kunst wird.

Hintergrund

Es ist die Zeit, in der die Naturwissenschaften ihren Siegeszug antreten, die Zeit der Erfindungen, der archäologischen Forschungen, in der auch die Geschichtswissenschaften einen Aufschwung nehmen. Natur und Geschichte werden zu Kräften, die auch die Literatur zu prägen beginnen. Die Technik beeinflusst die Menschen in ihrem Denken: Glaube an den Fortschritt, vordergründige optimistische Grundhaltung.

Kennzeichen

- Darstellung von Wirklichkeit als Ziel
- bevorzugtes Thema: der Mensch im Alltag, der Mensch in seinen gesellschaftlichen Bindungen
- Milieuschilderungen, meist um seelische Zustände und Vorgänge darzustellen
- Verklärung der Wirklichkeit, z. B. durch Humor
- Bevorzugung der epischen Formen: Erzählung, Novelle, Roman
- Historische Stoffe und gesellschaftliche Probleme als Themen der Literatur[28]

---

[28] Schmitt, *Grundwissen Deutsch*, S. 114

5. ANALYSE VON ROMANAUSSCHNITTEN

5.3 Montagetechnik und Auflösung chronologischen Erzählens im modernen Roman (Döblin: *Berlin Alexanderplatz*)

Im Roman des zwanzigsten Jahrhunderts treten neben ‚traditionell gebauten' Werken zunehmend experimentelle und das chronologische Erzählen auflösende Formen auf. Grund dafür ist einerseits das Auftreten des Mediums Film und die dadurch entstehende Änderung in der Wahrnehmung, andererseits ein durch die Erfahrung verschiedener Kriege und großer gesellschaftlicher Gegensätze zunehmend zersplittertes Weltbild. Ein einheitliches Weltverständnis mit universell gültigen Grundwerten, wie es noch der Klassik vor Augen stand, wird immer fragwürdiger, auch wenn es im Bildungsbürgertum immer noch eine Leitstellung einnimmt.

Ein weiterer Grund für die Entstehung neuer Formen von Literatur ist auch in der Entstehung und dem ungebremsten Wachstum der Großstädte in Westeuropa und Nordamerika zu sehen. London, Paris, New York und Berlin etwa werden zu Schauplätzen kultureller Höhepunkte und großer sozialer Gegensätze in gleicher Weise, was sich auch in der Literatur niederschlägt. Erste Ansätze zur eigenständigen Bedeutung der Großstadt in der Literatur finden sich für Deutschland bereits bei Fontane und E. T. A. Hoffmann; allerdings ist Berlin dort mehr oder weniger nur Kulisse.

Das verschiebt sich im zwanzigsten Jahrhundert deutlich. Stadt und Technik werden Gegenstand in expressionistischen Gedichten, später dann auch in Romanen. Hier ist für die deutsche Literatur vor allem *Berlin Alexanderplatz* von Alfred Döblin aus dem Jahr 1929 zu nennen. Mit seiner Darstellung des proletarischen Milieus Berlins und der Schilderung der vielfältigen Eindrücke in der Großstadt ist er stilbildend für viele spätere Romane.

Inhaltsangabe *Berlin Alexanderplatz*

Der ehemalige Transportarbeiter Franz Biberkopf hat vier Jahre im Gefängnis gesessen, weil er seine Geliebte bei einer handgreiflichen Auseinandersetzung getötet hat. Als er entlassen ist und sein Selbstbewusstsein wiedergewonnen hat, beschließt er, anständig zu bleiben. Er wird Straßenverkäufer und Hausierer. Allen Versuchungen geht er aus dem Weg. Da erlebt er die erste Enttäuschung: Ein anderer Hausierer, der Onkel seiner derzeitigen Geliebten, betrügt ihn. Franz verschwindet, säuft einige Wochen und gerät dann in schlechte Gesellschaft. Er schließt Freundschaft mit Reinhold, dem Mitglied einer Einbrecherbande, und muss gegen seinen Willen bei einem Einbruch Schmiere stehen. Die Einbrecher trauen ihm nicht und werfen ihn bei der Heimfahrt vor ein verfolgendes Auto, das ihn überfährt, wobei er einen Arm einbüßt. Auch diesen Schlag überwindet Franz. Da er jedoch mit redlicher Arbeit

---

Info

Döblin, Alfred (* 1878 Stettin, † 1957 Emmendingen): Döblin stammt aus einer jüdischen Kaufmannsfamilie, wird zunächst Arzt und praktiziert in Berlin. Frühes politisches Engagement, zunächst für die USPD, später für die SPD; 1933 Emigration, zunächst nach Frankreich, dann in die USA, 1945 Rückkehr nach Deutschland, wo er wenig Beachtung findet, 1953 erneute Auswanderung nach Frankreich. Impressionistische und expressionistische Einflüsse auf seine Romane. Weltruhm erreicht Döblin mit *Berlin Alexanderplatz* (1929), einem der wichtigsten Großstadtromane der Weltliteratur. In seiner Romantheorie tritt Döblin dem psychologischen Roman entgegen und plädiert für die Darstellung einer Realität, die sich an den Tatsachen orientiert.

5. ANALYSE VON ROMANAUSSCHNITTEN

> nicht weit gekommen ist, beginnt er den nächsten Lebensabschnitt als Hehler, wird dann Zuhälter und – als ihm das Nichtstun zu langweilig wird – aktiver Verbrecher. Das Straßenmädchen Mieze, das Franz wirklich liebt, wird von Reinhold ermordet und Franz als Täter angegeben. Biberkopf entkommt zwar, da er sich aber an Miezes Tod mitschuldig fühlt, führt er seine Verhaftung herbei. Im Irrenhaus ringt er mit dem Tod. Ein neuer Franz Biberkopf fängt noch einmal von vorne an als Portier in einer Fabrik.[29]

Im ersten Kapitel wird erzählt, wie Franz Biberkopf, der Protagonist des Romans, ins Stadtzentrum Berlins kommt, nachdem er aus der Haft entlassen worden ist.

S. 44

Stellen Sie sich die Situation des Haftentlassenen, der nach vier Jahren aus dem Gefängnis entlassen worden ist, vor. Was könnte ihn innerlich bewegen? Was könnte er vorhaben bzw. tun?
Schreiben Sie ein paar Gedanken oder einen kurzen inneren Monolog (vgl. S. 54) auf. (Ohne Lösungsvorschlag)

Lesen Sie nun den Anfang des Romans!

Mit der 41 in die Stadt
Er stand vor dem Tor des Tegeler Gefängnisses und war frei. Gestern hatte er noch hinten auf den Äckern Kartoffeln geharkt mit den andern, in Sträflingskleidung, jetzt ging er im gelben Sommermantel, sie harkten hinten, er
5   war frei. Er ließ Elektrische auf Elektrische vorbeifahren, drückte den Rücken an die rote Mauer und ging nicht. Der Aufseher am Tor spazierte einige Male an ihm vorbei, zeigte ihm seine Bahn, er ging nicht. Der schreckliche Augenblick war gekommen (schrecklich, Franze, warum schrecklich?), die vier Jahre waren um. Die schwarzen eisernen Torflügel, die er seit einem
10 Jahre mit wachsendem Widerwillen betrachtet hatte (Widerwillen, warum Widerwillen), waren hinter ihm geschlossen. Man setzte ihn wieder aus. Drin saßen die andern, tischlerten, lackierten, sortierten, klebten, hatten noch zwei Jahre, fünf Jahre. Er stand an der Haltestelle.
Die Strafe beginnt.
15 Er schüttelte sich, schluckte. Er trat sich auf den Fuß. Dann nahm er einen Anlauf und saß in der Elektrischen. Mitten unter den Leuten. Los. Das war zuerst, als wenn man beim Zahnarzt sitzt, der eine Wurzel mit der Zange gepackt hat und zieht, der Schmerz wächst, der Kopf will platzen. Er drehte

---

[29] A. u. W. van Rinsum, *Interpretationen. Romane und Erzählungen*, 2. Aufl., München 1988, S. 141

den Kopf zurück nach der roten Mauer, aber die Elektrische sauste mit ihm
auf den Schienen weg, dann stand nur noch sein Kopf in der Richtung des
Gefängnisses. Der Wagen machte eine Biegung, Bäume, Häuser traten dazwischen. Lebhafte Straßen tauchten auf, die Seestraße, Leute stiegen ein
und aus. In ihm schrie es entsetzt: Achtung, Achtung, es geht los. Seine
Nasenspitze vereiste, über seine Backe schwirrte es. „Zwölf Uhr Mittagszeitung", „B. Z.", „Die neuste Illustrierte", „Die Funkstunde neu" „Noch jemand zugestiegen?" Die Schupos haben jetzt blaue Uniformen. Er stieg unbeachtet wieder aus dem Wagen, war unter Menschen. Was war denn?
Nichts. Haltung, ausgehungertes Schwein, reiß dich zusammen, kriegst meine Faust zu riechen. Gewimmel, welch Gewimmel. Wie sich das bewegte.
Mein Brägen hat wohl kein Schmalz mehr, der ist wohl ganz ausgetrocknet.
Was war das alles. Schuhgeschäfte, Hutgeschäfte, Glühlampen, Destillen.
Die Menschen müssen doch Schuhe haben, wenn sie so viel rumlaufen, wir
hatten ja auch eine Schusterei, wollen das mal festhalten. Hundert blanke
Scheiben, lass die doch blitzen, die werden dir doch nicht bange machen,
kannst sie ja kaputt schlagen, was ist denn mit die, sind eben blankgeputzt.
Man riss das Pflaster am Rosenthaler Platz auf, er ging zwischen den andern
auf Holzbohlen. Man mischt sich unter die andern, da vergeht alles, dann
merkst du nichts, Kerl. Figuren standen in den Schaufenstern in Anzügen,
Mänteln, mit Röcken, mit Strümpfen und Schuhen. Draußen bewegte sich
alles aber dahinter – war nichts! Es – lebte – nicht! Es hatte fröhliche Gesichter, es lachte, es wartete auf der Schutzinsel gegenüber Aschinger zu
zweit oder zu dritt, rauchte Zigaretten, blätterte in Zeitungen. So stand das
da wie die Laternen – und – wurde immer starrer. Sie gehörten zusammen
mit den Häusern, alles weiß, alles Holz.
Schreck fuhr in ihn, als er die Rosenthaler Straße herunterging und in einer
kleinen Kneipe ein Mann und eine Frau dicht am Fenster saßen: Die gossen
sich Bier aus Seideln in den Hals, was war dabei, sie tranken eben, sie hatten
Gabeln und stachen sich damit Fleischstücke in den Mund, dann zogen sie
die Gabeln wieder heraus und bluteten nicht. Oh, krampfte sich sein Leib
zusammen, ich krieg es nicht weg, wo soll ich hin? Es antwortete: Die Strafe.
Er konnte nicht zurück, er war mit der Elektrischen so weit her gefahren, er
war aus dem Gefängnis entlassen und musste hier hinein, noch tiefer hinein.
Das weiß ich, seufzte er in sich, dass ich hier rin muss und dass ich aus dem
Gefängnis entlassen bin. Sie mussten mich ja entlassen, die Strafe war um,
hat seine Ordnung, der Bürokrat tut Pflicht. Ich geh auch rin, aber ich
möchte nicht, mein Gott, ich kann nicht.
Er wanderte die Rosenthaler Straße am Warenhaus Wertheim vorbei, nach
rechts bog er ein in die schmale Sophienstraße. Er dachte, diese Straße ist
dunkler, wo es dunkel ist, wird es besser sein. Die Gefangenen werden in
Einzelhaft, Zellenhaft und Gemeinschaftshaft untergebracht. Bei Einzelhaft
wird der Gefangene bei Tag und Nacht unausgesetzt von andern Gefangenen

5. ANALYSE VON ROMANAUSSCHNITTEN

gesondert gehalten. Bei Zellenhaft wird der Gefangene in einer Zelle untergebracht, jedoch bei Bewegung im Freien, beim Unterricht, Gottesdienst mit andern zusammengebracht. Die Wagen tobten und klingelten weiter, es
65 rann Häuserfront neben Häuserfront ohne Aufhören hin. Und Dächer waren auf den Häusern, die schwebten auf den Häusern, seine Augen irrten nach oben: Wenn die Dächer nur nicht abrutschten, aber die Häuser standen grade. Wo soll ick armer Deibel hin, er latschte an der Häuserwand lang, es nahm kein Ende damit. Ich bin ein ganz großer Dussel, man wird sich hier
70 doch noch durchschlängeln können, fünf Minuten, zehn Minuten, dann trinkt man einen Kognak und setzt sich. Auf entsprechendes Glockenzeichen ist sofort mit der Arbeit zu beginnen. Sie darf nur unterbrochen werden in der zum Essen, Spaziergang, Unterricht bestimmten Zeit. Beim Spaziergang haben die Gefangenen die Arme ausgestreckt zu halten und sie vor-
75 und rückwärts zu bewegen.
Da war ein Haus, er nahm den Blick weg von dem Pflaster, eine Haustür stieß er auf, und aus seiner Brust kam ein trauriges brummendes oh, oh. Er schlug die Arme umeinander, so mein Junge, hier frierst du nicht. Die Hoftür öffnete sich, einer schlurfte an ihm vorbei, stellte sich hinter ihn. Er
80 ächzte jetzt, ihm tat wohl zu ächzen. Er hatte in der ersten Einzelhaft immer so geächzt und sich gefreut, dass er seine Stimme hörte, da hat man was, es ist noch nicht alles vorbei. Das taten viele in den Zellen, einige am Anfang, andere später, wenn sie sich einsam fühlten. Dann fingen sie damit an, das war noch was Menschliches, es tröstete sie. So stand der Mann in dem Haus-
85 flur, hörte das schreckliche Lärmen von der Straße nicht, die irrsinnigen Häuser waren nicht da. Mit gespitztem Munde grunzte er und ermutigte sich, die Hände in den Taschen geballt. Seine Schultern im gelben Sommermantel waren zusammengezogen zur Abwehr.[30]

S. 45   Welches ist Ihr erster Eindruck von Franz Biberkopf?

S. 46   Nehmen Sie Unterstreichungen im Text vor nach den Gesichtspunkten,
• welche Gefühle Franz Biberkopf beherrschen,
• wie er seine Umwelt – Menschen und Stadt – wahrnimmt und
• wie er sich verhält.
Fertigen Sie nach den Unterstreichungen eine erste Stichwortliste an:

---

[30] Alfred Döblin: *Berlin Alexanderplatz. Die Geschichte vom Franz Biberkopf*, München: dtv, [41]2001, S. 15 ff.

5. ANALYSE VON ROMANAUSSCHNITTEN

Franz Biberkopf
– nach vier Jahren Haft aus dem Gefängnis entlassen
– keine Anzeichen von Freude bei Entlassung, statt dessen
– Angstgefühle und Schmerz
–
–
–
…

Verarbeiten Sie die Stichworte Ihrer Liste zu einer ersten Kurzcharakteristik von Franz Biberkopf.

Ein zeitlicher Rückblick in der Literaturgeschichte:
In der Gattung des **Bildungs- und Entwicklungsromans**, einer der vorherrschenden Formen des Romans von der Aufklärung bis zur Klassik, „werden die Abenteuer des äußeren Geschehens als Situationen der Persönlichkeitsentwicklung dargestellt, wobei der Held sich mit gesellschaftlichen Gegebenheiten auseinander setzen muss, die einer solchen Entwicklung entgegenstehen"[31]. Im Bildungs- und Entwicklungsroman „wird der Reifungsprozess eines jungen Mannes bürgerlicher Herkunft gezeichnet, der den gesellschaftlichen Werten, Pflichten und Forderungen auf den verschiedensten Lebensgebieten begegnet, bis er das Ziel erreicht (…), realistisch und nicht idealistisch für das Wohl der Gemeinschaft zu arbeiten."[32]

Vergleichen Sie Franz Biberkopf mit dem in oben stehender Definition skizzierten Protagonisten des Bildungs- und Entwicklungsromans.
Versuchen Sie die Unterschiede möglichst genau zu benennen und geben Sie mögliche Gründe an.

---

[31] Eberhard Hermes: *Abiturwissen. Erzählende Prosa*, 6. Aufl., Stuttgart 1994, S. 102
[32] Ebd., S. 103 f.

5. ANALYSE VON ROMANAUSSCHNITTEN

5.48 Wie wird das ‚Verschwinden' des Helden im Roman inhaltlich und sprachlich umgesetzt?

Wichtige erzähltechnische Mittel im modernen Roman sind der **Bewusstseinsstrom** und der innere Monolog. Während der **innere Monolog** lediglich die Erzählsituation – eine literarische Figur spricht mit sich selbst – bezeichnet, stellt der Bewusstseinsstrom eine Erweiterung dieser Technik dar. Dabei wird besonderer Wert auf die gedankliche Assoziation gelegt; das Gedachte wird unmittelbar, ungeordnet wiedergegeben. Der Bewusstseinsstrom ermöglicht nicht nur einen Einblick in die Gedankenwelt der literarischen Figur, sondern auch in seine geistige Verfassung.

5.49 Unterstreichen Sie in der Textstelle alle Passagen, die als innerer Monolog zu erkennen sind.
Welche Funktion haben die Sätze und Passagen, in denen Franz Biberkopf mit sich selbst spricht?

5.50 Welche Erzählsituation liegt in diesem Abschnitt vor, und welcher Eindruck entsteht dadurch?

5.51 Beschreiben Sie die Sprache im inneren Monolog. Was signalisiert sie unterschwellig?

Eine weitere wichtige literarische ‚Figur' in *Berlin Alexanderplatz* ist die Stadt Berlin. Sie ist nicht nur Hintergrundkulisse, sondern sie wirkt auf die Protagonisten ein.

5.52 „Gewimmel, welch Gewimmel." – Beschreiben Sie die Wahrnehmung der Stadt und gehen sie auf charakteristische Mittel ein.

5.53 „Draußen bewegte sich alles aber dahinter – war nichts! Es – lebte – nicht! Es hatte fröhliche Gesichter, es lachte, es wartete auf der Schutzinsel gegenüber Aschinger zu zweit oder zu dritt, rauchte Zigaretten, blätterte in Zeitungen. So stand das da wie die Laternen – und – wurde immer starrer. Sie gehörten zusammen mit den Häusern, alles weiß, alles Holz."

Was drücken diese Sätze vorzugsweise aus:
1) eine abwertende, negative Sicht auf die Stadt und ihre Bewohner,
2) eine Darstellung der Stadt als etwas Eigenständiges, ein Organismus,
3) einen Ausdruck der Anonymität des Lebens in der Stadt,
4) eine Schilderung der angenehmen Seiten städtischen Lebens,
5) eine kritische Würdigung der Architektur der Stadt Berlin?

5. ANALYSE VON ROMANAUSSCHNITTEN

Fassen Sie, ausgehend vom Zitat Z. 39–44 und von Ihrer Auswahl, das Verhältnis von Franz Biberkopf und der Stadt Berlin zusammen.

Eine Erzähltechnik im modernen Roman, die auf den Film zurückgeht, ist die **Montage**. So, wie im Film die verschiedenartigsten Elemente aneinandergeschnitten, „montiert" werden, so wird auch im modernen Roman der Erzählfluss unterbrochen durch Einblendungen, Perspektivwechsel, Kommentare usw. Oft werden einander direkt entgegengesetzte Elemente montiert. Dadurch soll der Leser aktiviert werden, einen eigenen Standpunkt zum Erzählgegenstand auszubilden. Beliebte Montageelemente sind
– verschiedenste Stilebenen, z. B. Umgangssprache, gehobene Sprache, Jargon, Dialekt, Fachsprachen usw.
– verschiedenste Textsorten, z. B. Zeitungsbericht, Wetterbericht, Kommentare, Nachrichten, Werbung, Mythos usw.
– verschiedene Perspektiven und Zeitebenen.

Der durch die Montage entstehende heterogene Eindruck soll die Brüchigkeit der Wirklichkeit zum Ausdruck bringen, den Leser provozieren und aktivieren.

Im Folgenden wird nochmals ein Textauszug vorgestellt, der Aspekte des Charakters von Franz Biberkopf zum Gegenstand hat. Es geht um den Anlass für seinen Gefängnisaufenthalt, den Totschlag an seiner Geliebten Ida. Ihre Aufgabe, der wir uns schrittweise nähern wollen, besteht nicht nur darin, eine Charakteristik des Franz Biberkopf auf der Grundlage des Textauszugs anzufertigen, sondern darüber hinaus die Technik der Montage zu untersuchen und zu interpretieren.

Ausmaße dieses Franz Biberkopf. Er kann es mit alten Helden aufnehmen.

Dieser Franz Biberkopf, früher Zementarbeiter, dann Möbeltransporteur und so weiter, jetzt Zeitungshändler, ist fast zwei Zentner schwer. Er ist stark wie eine Kobraschlange und wieder Mitglied eines Athletenklubs. Er trägt
5 grüne Wickelgamaschen, Nagelschuh und Windjacke. Geld könnt ihr bei ihm nicht viel finden, es kommt laufend bei ihm ein, immer in kleinen Mengen, aber trotzdem sollte einer versuchen, ihm nahe zu treten.
Hetzen ihn, von früher her, Ida und so weiter, Gewissensbedenken, Albdrücken, unruhiger Schlaf, Qualen, Erinnyen aus der Zeit unserer Urgroßmütter?
10 Nichts zu machen. Man bedenke die veränderte Situation. Ein Verbrecher, seinerzeit gottverfluchter Mann (woher weißt du, mein Kind?) am Altar, Orestes, hat Klytämnestra totgeschlagen, kaum auszusprechen der Name, immerhin seine Mutter. (An welchem Altar meinen Sie denn? Bei uns können Sie 'ne Kirche suchen, die nachts auf ist.) Ich sage, veränderte Zeiten. Hoi ho hatz,
15 schreckliche Bestien, Zottelweiber mit Schlangen, ferner Hunde ohne Maul-

korb, eine ganze unsympathische Menagerie, die schnappen nach ihm, kommen aber nicht ran, weil er am Altar steht, das ist eine antike Vorstellung, und dann tanzt das ganze Pack verärgert um ihn, Hunde immer mittenmang. Harfenlos, wie es im Liede heißt, der Erinnyentanz, schlingen sich um das Opfer, Wahnsinnsverstörung, Sinnesbetörung, Vorbereitung für die Klapsmühle.
Franz Biberkopf hetzen sie nicht. Sprechen wir es aus, gesegnete Mahlzeit, er trinkt bei Henschke oder woanders, die Binde in der Tasche, eine Molle nach der andern und einen Doornkaat dazwischen, dass ihm das Herz aufgeht. So unterscheidet sich der Möbeltransporteur und so weiter, Zeitungshändler Franz Biberkopf aus Berlin NO Ende 1927 von dem berühmten alten Orestes. Wer möchte nicht lieber in wessen Haut stecken.
Franz hat seine Braut erschlagen, Ida, der Nachname tut nichts zur Sache, in der Blüte ihrer Jahre. Dies ist passiert bei einer Auseinandersetzung zwischen Franz und Ida, in der Wohnung ihrer Schwester Minna, wobei zunächst folgende Organe des Weibes leicht beschädigt wurden: die Haut über der Nase am spitzen Teil und in der Mitte, der darunter liegende Knochen mit dem Knorpel, was aber erst im Krankenhaus bemerkt wurde und dann in den Gerichtsakten eine Rolle spielte, ferner die rechte und linke Schulter, die leichte Quetschungen davontrugen mit Blutaustritt. Aber dann wurde die Aussprache lebendig. Der Ausdruck ‚Hurenbock' und ‚Nuttenjäger' animierte Biberkopf kolossal, der dazu noch aus andern Gründen erregt war. Es bibberte nur so in seinen Muskeln. Er nahm nichts in die Hand als einen kleinen hölzernen Sahnenschläger, denn er trainierte schon damals und hatte sich dabei die Hand gezerrt. Und diesen Sahnenschläger mit der Drahtspirale brachte er in einem enormen zweimaligen Schwung zusammen mit dem Brustkorb Idas, der Partnerin des Gesprächs. Idas Brustkorb war bis zu diesem Tage völlig intakt, die ganze kleine Person, die sehr nett anzublicken war, freilich nicht – vielmehr, nebenbei: Der von ihr ernährte Mann vermutete nicht zu Unrecht, dass sie ihm den Laufpass geben wollte zu Gunsten eines neu aufgetauchten Breslauers. Jedenfalls war der Brustkorb des niedlichen Mädchens auf die Berührung mit Sahnenschlägern nicht eingerichtet. Schon bei dem ersten Hiebe schrie sie au und sagte nicht mehr dreckiger Strizzi, sondern Mensch. Die zweite Begegnung mit dem Sahnenschläger erfolgte unter feststehender Haltung Franzens nach einer Vierteldrehung rechts seitens Idas. Worauf Ida überhaupt nichts sagte, sondern schnutenartig merkwürdig den Mund aufsperrte und mit beiden Armen hochfuhr.
Was die Sekunde vorher mit dem Brustkorb der Frauensperson geschehen war, hängt zusammen mit den Gesetzen von Starre und Elastizität, und Stoß und Widerstand. Es ist ohne Kenntnis dieser Gesetze überhaupt nicht verständlich. Man wird folgende Formeln zu Hilfe nehmen:
Das erste Newton'sche (njutensche) Gesetz, welches lautet:
Ein jeder Körper verharrt im Zustand der Ruhe, solange keine Kraftwirkung ihn veranlasst, seinen Zustand zu ändern (bezieht sich auf Idas Rippen). Das

zweite Bewegungsgesetz Njutens: Die Bewegungsänderung ist proportional
der wirkenden Kraft und hat mit ihr die gleiche Richtung (die wirkende
Kraft ist Franz, beziehungsweise sein Arm und seine Faust mit Inhalt). Die
Größe der Kraft wird mit folgender Formel ausgedrückt:

$$f = c \lim \frac{\overline{\Delta v}}{\Delta t} = cw.$$

Die durch die Kraft bewirkte Beschleunigung, also den Grad der erzeugten
Ruhestörung, spricht die Formel aus:

$$\overline{\Delta v} = \frac{1}{c} f \Delta t.$$

Danach ist zu erwarten und tritt tatsächlich ein: Die Spirale des Schaumschlägers wird zusammengepresst, das Holz selbst trifft auf. Auf der andern Seite, Trägheits-, Widerstandsseite: Rippenbruch 7.–8. Rippe, linke hintere Achsellinie.
Bei solcher zeitgemäßen Betrachtung kommt man gänzlich ohne Erinnyen aus. Man kann Stück für Stück verfolgen, was Franz tat und Ida litt. Es gibt nichts Unbekanntes in der Gleichung. Bleibt nur aufzuzählen der Fortgang des Prozesses, der so eingeleitet war: also Verlust der Vertikalen bei Ida, Übergang in die Horizontale, dies als grobe Stoßwirkung, zugleich Atembehinderung, heftiger Schmerz, Schreck und physiologische Gleichgewichtsstörung. Franz hätte die lädierte Person, die ihm so wohl bekannt war, trotzdem wie ein brüllender Löwe erschlagen, wenn nicht die Schwester angetanzt wäre aus dem Nebenzimmer. Vor dem Keifen dieses Weibes ist er abgezogen, und abends haben sie ihn in der Nähe seiner Wohnung bei einer Polizeistreife geschnappt.[33]

Aus welchen der aufgeführten Sprach- und Stilschichten enthält der Auszug Elemente?

**Mythos   Medizin   Jargon   kaufmännische/Handelssprache
Umgangssprache   Sprache der Naturwissenschaften/Physik
Architektursprache   Reportagesprache**

Unterstreichen Sie im Text die entsprechenden Passagen mit verschiedenen Farben.

---

[33] Ebd., S. 98 ff.

5. ANALYSE VON ROMANAUSSCHNITTEN

5.55 Sehen Sie sich den Abschnitt Z. 8–20 noch einmal genau an.
Beschreiben Sie, wie der Mythos von Orest mit den Beiträgen des Erzählers verwoben ist.
– Wie wird der Mythos wiedergegeben?
– Welche Funktion haben die Unterbrechungen?
– Versuchen Sie eine Absicht hinter dieser Art von Montage zu erkennen.
– Worin sieht der Roman Gemeinsamkeiten, worin die Unterschiede zwischen Franz Biberkopf und Orest?

5.56 Charakterisieren Sie die Art und Weise, mit der die Verletzungen Idas wiedergegeben werden.
Welche Rolle spielt die naturwissenschaftliche Fachsprache?

5.57 Beschreiben Sie die Sprache des Erzählers in den Passagen, in denen davon berichtet wird, wie Franz Ida schlägt. Was lässt sich zum Verhältnis von Sprache und Erzählgegenstand sagen?
Welche Wirkung wird damit intendiert?

5.58 Abschließend noch einmal zur Überschrift: „Ausmaße dieses Franz Biberkopf. Er kann es mit alten Helden aufnehmen". Einige Stichworte zu Orest:

5. ANALYSE VON ROMANAUSSCHNITTEN

Orest	Franz Biberkopf
– Königssohn	
– rächt den Mord der Mutter und ihres Geliebten am Vater Agamemnon	
– Auftrag zur Rache	
– Rachehandlung als langer Prozess, nicht spontan	
– wird seinerseits von den Rachegöttinnen (Erinnyen) verfolgt	
– irrt durch viele Länder	
– stellt sich dem Gericht, gesteht den Mord, hält sich aber durch seine Leiden für entschuldigt	
– Gericht nimmt Entschuldigung an, einige Erinnyen aber nicht	
– raubt schließlich mit Hilfe Iphigenies die Artemis-Statue und ist dadurch frei	
→ Mythos: • tragische, unvermeidbare Verstrickung in Schuld • Unentrinnbarkeit des Schicksals • göttergelenkt	→ „zeitgenössischer" Mythos:

Fertigen Sie auf der Grundlage des Textauszugs und des weiteren Hintergrundwissens zum Roman eine ähnliche Stichwortliste zu Franz Biberkopf. Ziehen Sie aus dem Vergleich eine mögliche Schlussfolgerung, die in *Berlin Alexanderplatz* den Versuch eines „modernen Mythos" sieht.

Fertigen Sie zusammenfassend eine Interpretation der Textstelle unter der o. a. Aufgabenstellung an.

115

6. Lösungen

2.1 Tempus – Umgangssprache – Steigerung der Handlungsschritte nicht berücksichtigt – Autor mit Erzähler gleichgesetzt

2.3 a) → 1; b) → 3; c) → 1; d) → 4

2.4 Satz b

2.5
Z. 1–31:	Der Erzähler schildert die Lebensumstände in der Heimat seines Großvaters. Die Menschen, einfache Landbewohner, leben ärmlich, aber nicht unzufrieden. Sie leben vom Flachsbrechen, die Kinder sammeln Kräuter und Pilze, um sie an die Gutsbesitzer zu verkaufen.
Z. 32–52:	Die Großgrundbesitzer am Ort sind die Baleks. Sie kaufen den Kindern ihr Gesammeltes ab, wiegen es und entlohnen die Kinder bescheiden.
Z. 53–80:	Ein ungeschriebenes Gesetz am Ort, das auch bislang nicht in Frage gestellt wurde, besagt, dass niemand am Ort eine Waage besitzen darf.
Z. 81–100:	Der Großvater wird als fleißiger, kluger und mutiger Junge vorgestellt. Zur Jahrhundertwende 1900 und anlässlich der Verleihung des Adelstitels wird den Familien am Ort von den Baleks ein Viertelpfund Kaffee geschenkt.
Z. 101–140:	Der Großvater soll vier Pakete Kaffee abholen und stellt in einem unbeobachteten Moment fest, dass die Waage der Baleks nicht richtig anzeigt. Er will Frau Balek sprechen, wird aber abgewiesen.
Z. 141–184:	Mit Hilfe des Apothekers stellt der Großvater fest, dass die Waage um mehr als 10 Prozent zu Gunsten der Baleks anzeigt. Er erzählt seiner Familie von der Entdeckung.
Z. 185–206:	Die Baleks werden zum Neujahrsgottesdienst von den Dorfbewohnern kalt empfangen. Der Großvater sagt der Gutsherrin, wie viel sie ihm schuldig sei. Als Zeichen kollektiven Ungehorsams stimmen die Bewohner den Choral „Gerechtigkeit der Erden, o Herr, hat dich getötet" an.
Z. 206–233:	Die Menschen bringen sich in den Besitz des Registers und rechnen nach, um wie viel die Baleks sie alle betrogen haben. Die Gendarmerie bereitet dem gewaltsam ein Ende, wobei die Schwester des Großvaters und ein Gendarm umkommen.
Z. 234–243:	Die Familie des Großvaters wird zum Verlassen des Ortes gezwungen. Sie erzählt die Geschichte vom Betrug an der Gerechtigkeit weiter, findet aber nur wenig Gehör.

6. LÖSUNGEN

1) Z. 1–15:   Das Schloss und der Vorfall mit dem Bettelweib
2) Z. 16–33: Erster Spuk; vergeblicher Versuch, das Schloss zu verkaufen
3) Z. 34–57: Zweites und drittes Spukerlebnis
4) Z. 57–75: Viertes Spukerlebnis; Gewissheit
5) Z. 75–88: Wahnsinn des Marchese, Anzünden des Schlosses.

2.7

Drei Spukerlebnisse gehen voran, jedes bringt ein Stück mehr Gewissheit. Kann die Wahrnehmung des Ritters noch mit Lachen abgetan werden, bekommt der Marchese durch eigene Anschauung Gewissheit, die schließlich noch durch die Frau und den Bedienten als Zeugen gefestigt wird.

2.8

Es liegt eine lineare Steigerung zum Erzählhöhepunkt hin vor.

2.9

Der eingangs erwähnte Sachverhalt, die Zerstörung des Schlosses, bildet den Höhepunkt am Ende der Novelle.

2.10

– Einteilung falsch: Zur Einleitung gehört nur der erste Absatz.
– Der Marchese bringt das Bettelweib nicht direkt um, ist aber für ihren Tod verantwortlich.
– Es gibt nur einen, nicht „verschiedene" Interessenten für das Schloss.
– Die Steigerung der Spukerscheinungen wird nicht erwähnt.
– Wahnsinn und Tod des Marchese kommen nicht eigentlich überraschend.

2.11

– Chronologischer Aufbau: Vorgeschichte (Lebensumstände) – Entdeckung – Folgen – Unterdrückung – Konsequenz
– Es wird linear erzählt.
– Vorgehen vom Einzelfall (Entdeckung des Großvaters) zum Allgemeinen (Aufruhr).

2.12

Lösung a), da der Adel des Marchese keine Bedeutung für die Handlung hat, die Frage nach der Realität von Spukerscheinungen für die Geschichte unerheblich ist und da für ein historisches Ereignis Ort- und Zeitangaben zu ungenau sind.

2.13

Betrug an der Gerechtigkeit; Kampf um Gerechtigkeit

2.14

Die Rache einer Missetat durch Spuk

2.15

a) bzw. c): Der Marchese wird, auch wenn er es nicht wahrhaben will, von der Schuld weiter verfolgt.

2.16

Ein Junge hebt generationenlanges Denken und entsprechende Gewohnheiten aus den Angeln und stellt Machtstrukturen in Frage.

2.17

6. LÖSUNGEN

2.18 Die (manipulierte) Waage steht für (unterdrückte) Gerechtigkeit.

2.20 Neutral; er nimmt die Rolle des unbeteiligten Erzählers und Chronisten ein.

2.21 In der Novelle *Das Bettelweib von Locarno* liegt die auktoriale Erzählsituation vor. Der Erzähler steht dem Berichteten neutral gegenüber und lässt nur indirekt, etwa durch die Darstellung des Todes, eine gewisse Parteinahme erkennen. Dadurch erscheint das Unrecht des Marchese nüchterner, ‚objektiver' dargestellt, auch wirken Spukgeschehen und Strafe nachvollziehbarer und gerechter.

2.22 Formal: Ich-Erzählsituation, die aber nur den Rahmen bildet.
Faktisch liegt mit der Erzählung der Geschichte des Großvaters eine personale Erzählsituation vor. So entsteht eine Mischung aus persönlicher Betroffenheit und scheinbar objektiv erzählter Geschichte.

2.23 1) → „Designer", 2) → Großzügigkeit, 3) → stark an Erinnerungen hängender Mensch, 4) → Zerstreutheit, 5) Repräsentation, 6) Angst

2.24 Schlosshof, Zimmer, Winkel im Zimmer

2.25 Ort des Bettelns, Ort der Missetat und der Rache durch den Spuk, Ort des Sterbens von Bettelweib und Marchese

2.26 Der Marchese kommt herein, fordert das Bettelweib auf, sich in einen Winkel hinter den Ofen zu begeben, die Frau durchquert den Raum diagonal, rutscht aus, schleppt sich unter Schmerzen hinter den Ofen und stirbt.

2.29 + 2.30
– Das Zuhause des Großvaters: Enge, Ärmlichkeit → Lebensumstände des Volkes
– Das Wiegezimmer: Ort der ‚gerechten' Entlohnung → einschüchternde Wirkung der Waage und des Lederbuches
– Kirche; Ort der Einschüchterung des Volkes → Bündnis von Kirche und Gutsbesitzern
– Apothekerwohnung: Ort der Aufklärung → Wissen, Freundlichkeit, Aufgeklärtheit, Wärme

2.31 Stark verlangsamte Wiedergabe, um Einzelheiten des Ablaufs genauer erkennen zu können

2.32 Stark beschleunigte Wiedergabe, um einen Prozess als Ganzes darstellen zu können

6. LÖSUNGEN

Anfangs Zeitdehnung, bis zum 1. Spukerlebnis Zeitraffung, 2. und 3. Spukerlebnis Zeitraffung, 4. Spukerlebnis und Schluss Zeitdehnung	2.33
Vgl. 2.33: Die Aufnahme der Alten durch die Frau und die Vertreibung durch den Mann werden ziemlich genau beschrieben, v. a. um dessen Härte und Grausamkeit zu veranschaulichen. – Bis zum ersten Spukerlebnis vergehen anscheinend mehrere Jahre (Zeitsprung). Das Spukerlebnis selbst wird dann wieder recht genau beschrieben.	2.34
Der Zeitraum verkürzt sich, auch die Darstellung wird knapper.	2.35
Nennung der Uhrzeit, Schritte des Hundes, weitere Reaktion des Hundes	2.36
Etwas vor der eigentlichen Handlung Geschehenes wird in die laufende Handlung eingeblendet.	2.38
Spannung schaffen, Zusammenhänge herstellen	2.39
Vorausdeutung gleich zu Beginn: das zerstörte Schloss; rückblendenähnlich das Spukgeschehen	2.40
Chronologisches, weit gehend zeitdeckendes Erzählen	2.41
Wortarten – Nominalstil – ausdrucksstarken Adjektiven oder Adverbien – Verbalstil – Satzbau – lange, kurze oder mittellange Sätze – Parataxe – Hypotaxe – Satzarten	2.42
3 Sätze, lang, hypotaktischer Satzbau, komplexer Vorgang	2.43
4 Sätze, lang, hypo-, aber auch parataktischer Satzbau, Hektik	2.44
Mit steigender Aufregung nimmt der parataktische Satzbau zu.	2.45
Lange, verschachtelte Sätze; Komplexität des Geschehens; Aufregung durch (vergleichsweise) kürzere und stärker parataktisch geordnete Sätze	2.46

6. LÖSUNGEN

2.47

Marchese	Bettelweib
Rückkehr von der Jagd	eine alte, kranke Frau, bettelnd
befahl … unwillig	mit Krücke
	beschädigte sich auf gefährliche Weise das Kreuz
	mit unsäglicher Mühe
	unter Stöhnen und Ächzen … niedersank
→ herrisches, unbeherrschtes Wesen	→ Mitleid erregend

2.48 Betonung des Standesunterschiedes; Gegensatz zwischen Unbeherrschtheit des Marchese und ärmlicher Unterwürfigkeit des Bettelweibs
→ vollkommener Gegensatz der beiden Charaktere mit der Absicht, Mitleid für das Bettelweib zu erzielen

2.49 Emotionale Verben, Adjektive und Adverbiale: „stürzt", „mit sträubenden Haaren", „gleich einem Rasenden" (Vergleich), „vom Entsetzen überreizt"
Tempo, Beschleunigung: „ehe sie noch"
Superlativ: „auf elendiglichste Weise bereits umgekommen"

2.50 „stürzt … aus dem Zimmer", „ruft", „(niemand) antwortet", „(die Luft) durchhaut", „lässt anspannen", „sieht das Schloss in Flammen aufgehen", „hatte eine Kerze genommen … und … angesteckt", „schickte … herein", „war … umgekommen", „liegen … seine weißen Gebeine"
→ Vorherrschend ist der **emotionale** Charakter; auch das Moment der Bewegung spielt eine Rolle

2.51 Der Stil der Novelle wird zunächst bestimmt durch den komplexen Satzbau.
Allein die Einleitung, die die gegenwärtige Situation und den zu Grunde liegenden Vorgang schildert, besteht aus lediglich 3 Sätzen. Die langen Sätze bringen nicht nur die Komplexität des beschriebenen Vorgangs zum Ausdruck, sie ziehen ihn gleichsam in die Länge und vermitteln auch eine Fülle von Eindrücken.
Die Wortwahl dient einerseits dazu, die beiden Charaktere, den Marchese und das Bettelweib, näher zu charakterisieren. Dabei wird deutlich, auf wessen Seite der scheinbar neutrale Erzähler steht. Das Bettelweib wird als ärmlich und hilfsbedürftig, ihr Tod als grausam beschrieben. Das verstärkt sich noch durch die Wiederholung in den Spukerscheinungen. Der Marchese erscheint dagegen als bestimmt, mitleidlos und herrisch.

6. LÖSUNGEN

Durch eine Fülle von Adjektiven und adverbialen Bestimmungen erzielt der Autor eine sehr genaue Beschreibung der Räumlichkeiten und Charaktere. Die Verben sind zu einem großen Teil emotional gefärbt. Besonders gilt das für den Schlussteil. Auch die steigende Aufregung ist an den Verben ablesbar.

2.52

– Allgemein nüchterner Stil
– Wechsel von langen und mittellangen Sätzen
– Sprache stark auf Kontrast hin angelegt
– Aufzählungen, Wiederholungen zur Veranschaulichung der Arbeit
– Vergleichsweise wenig Adjektive → Nüchternheit, Objektivität
– Maß- und Zahlenangaben, die Genauigkeit vermitteln sollen
– Auf dem Höhepunkt der Handlung, der Entdeckung des Betrugs durch den Großvater, verstärkter Einsatz von wörtlicher Rede, um direkte Teilhabe am Geschehen zu vermitteln
– Vergleichsweise nüchterne Schilderung des dramatischen Schlusses (Tod der Schwester, Vertreibung vom Wohnort) zur Verstärkung der Eindringlichkeit

2.53

Unbeherrscht, mitleidlos, herrisch, hochmütig, unbesonnen, am Ende wahnsinnig

2.54

Direkte Charakterisierung	Indirekte Charakterisierung
Aussagen der Figur, die über ihre Wesensart Aufschluss geben; Beschreibung von Handlungen, Verhaltensweisen oder Äußerungen durch den Erzähler; Äußerungen der Figur über sich selbst; Kommentierung von Handlungen, Verhaltensweisen oder Äußerungen durch andere Figuren	äußere Erscheinungsweise (Kleidung, Körperhaltung, Aussehen); sozialer Stand der Figur; Verhalten und Handeln der Figur

6. LÖSUNGEN

2.55

Er vertreibt die alte Frau aus der Ecke, in der sie liegt, hinter den Ofen.	→ Härte, Unbesonnenheit, Mitleidlosigkeit, Impulsivität
Er ist durch Krieg und Unglück in schwierige Vermögensumstände geraten.	→ (ungewohnte) Armut
Er ist über die Reaktion des Ritters erschrocken, lacht ihn aber aus.	→ Unsicherheit, Stolz, Berechnung
Er beschließt, durch den „Selbstversuch" dem Spukglauben ein Ende zu machen.	→ Mut, Kühle
Er erschrickt, als er den Spuk vernimmt, und vertraut sich seiner Frau an.	→ Schreckhaftigkeit, nicht so kaltblütig wie angenommen
Er unterdrückt in der Gegenwart seiner Bediensteten seine Erschütterung.	→ Übersicht, Gelassenheit, vorgegebene Umsicht
Vor dem entscheidenden Spukereignis bewaffnet er sich.	→ Misstrauen, Angst
Beim letzten Spukereignis zündet er das Schloss an und tötet sich selbst.	→ Verzweiflung, Wahn

2.56
- Eine der beiden Hauptfiguren
- Graf im Oberitalienischen, verheiratet, über weitere Lebensumstände nichts bekannt
- Selbstbewusstes, herrisches Auftreten
- Unbedacht, denkt weder an die Folgen seines Handelns für das Bettelweib noch für sich
- Gerät infolge kriegerischer Auseinandersetzungen in Not und vermutlich ungewohnte Armut
- Behält aber seinen Stolz, wie sich in seinem Verhalten dem Ritter gegenüber zeigt
- Wird wahnsinnig, dass der Spuk und somit seine Schuld kein Ende nehmen

2.57
- Klug, gewitzt, nicht abergläubisch
- Misstrauisch
- Mutig, couragiert (da sofort nach Frau Balek verlangend)
- Hartnäckig und opferbereit (Weg zum Apotheker)
- Stolz (Weinen auch aus verletzter Ehre)
- Gerechtigkeitssinn, da er die Geschichte weitererzählt

6. LÖSUNGEN

Frau, Bettelweib, florent. Ritter, Bediensteter, Hund
→ insgesamt recht übersichtliches Personal

2.58

Marquise → Marchese: Frau, solidarisch; Hund → Marchese: gehorsam, neutraler Zeuge; Marquise → Bettelweib: mitleidig; Marchese → Bettelweib: mitleidlos; wechselseitig Marchese ↔ Bettelweib: Gegenspieler; Bedienter → Marchese: Zeuge; florent. Ritter → Marchese: Kaufinteressent, neutraler Zeuge

2.59

Ja, denn sie verschwindet nach dem Tod nicht, sondern bleibt im Spuk gegenwärtig. Und es ist der Spuk, an dem der Marchese zu Grunde geht.

2.60

Frau: → unterscheidet sich von ihrem Mann durch das Mitleid gegenüber dem Bettelweib, verhält sich ihm gegenüber aber sonst solidarisch, scheint in der Spuk-Angelegenheit sogar einen etwas klareren Kopf zu haben als er und kann sich intuitiv retten.

Ritter: → Kontrastfigur, die es nochmals ermöglicht, den Marchese als stolz und hochmütig hinzustellen.

Bediensteter: → hat über die Rolle des Zeugen hinaus keine weitere Funktion.

Hund: → hat als solche keine direkte „Rolle", ist aber als neutraler Zeuge – als Tier kann er nichts von Spuk wissen – für die Tatsache des Spuks und den sich daraus ergebenden Wahnsinn des Marchese von großer Bedeutung.

2.61

– Generell Kontrast zwischen dem Volk einerseits und den Baleks/der Kirche/dem Staat andererseits
– Im Mittelpunkt der Großvater, der sich auch von den eigenen Leuten unterscheidet und abhebt
– Antagonisten: Großvater – Frau Balek bzw. Volk und Baleks/Kirche/Staat
– Eher sympathische Nebenfigur: Apotheker
– Eher unsympathische Nebenfigur: Pfarrer, wobei offen gelassen wird, ob er unter Zwang handelt

2.62

Existenzkrisen und ihre Bewältigung

3.1

Chronologische Erzählweise – offener Anfang – Hauptteil (Begegnung – 2 Höhepunkte – Rückblende Helene) – plötzliches, offenes Ende

3.2

Die offene Einleitung setzt direkt beim Geschehen ein und vermittelt so den Eindruck von Unmittelbarkeit.

3.3

6. LÖSUNGEN

3.4 Es handelt sich jeweils um eine geschlossene Einleitung: Böll gibt die Vorgeschichte und die Lebensumstände der Menschen im Dorf an, Kleist setzt mit dem zerstörten Schloss ein, um zu erzählen, wie es dazu kam.

3.5 Offene Einleitung, Situationsschilderung, erster Eindruck von Helmut Halm und Frau

3.6 Es findet keine Handlung statt, sondern eigentlich nur eine Momentaufnahme der Situation.

3.7

Helmut Halm	Sabine Halm
– kein Platz in der ersten Reihe → Zurückgezogenheit	– Platz in der ersten Reihe → Neugier
– fühlt Leute zu dicht an sich vorbeipromenieren → Distanzbedürfnis	– schaut mit Ausdruck des Vergnügens zu → Lebensfreude
– kommt sich in hellen Hosen komisch vor → Unsicherheit	– Leute zu beobachten findet sie interessant → Neugier, Interesse
– Bauch → unsportlich, saturiert	– Fältchen, nicht ganz makellose Hautstellen → nicht mehr ganz so jung
– wäre lieber in der vergitterten (!) Ferienwohnung → Zurückgezogenheit, Schutzbedürfnis	
– hält Leutebeobachten nicht aus → Unbehagen	

3.8
– Kein direktes Gespräch
– Er folgt ihr wider Willen: Anscheinend werden Konflikte nicht direkt ausgetragen
– Unterschwellige Aggressivität: „Wehe dir, Sabine, wenn er nur vier Bände schafft."
– Auch von ihr zu ihm keine verbale Kommunikation
  → Es handelt sich um ein eingespieltes Ehepaar, das sich womöglich nicht mehr viel zu sagen hat, weil jeder genau einzuschätzen weiß, was er vom anderen zu erwarten hat (Routine).

3.9 V. a. Satzbau, stellenweise auch Bilder

3.10 Die Sätze der Einleitung sind kurz bis mittellang. Das verstärkt den inhaltlichen Eindruck des Nebeneinanders der beiden Figuren. Dabei werden einfache Hauptsätze gehäuft aneinander gereiht. Auffallend ist auch die Häufung von grammatisch unvollständigen Sätzen (z. B. Z. 13, 22 f., 31 f.). Sie spiegeln den bruchstückhaften Charakter von Helmuts Gedanken wider. Ausrufe (Z. 34 f., 45 f.) und eine rhetorische Frage kennzeichnen Helmut Halms innere Unruhe, auch wenn er sie nach außen hin nicht zeigen will.

Textstelle	Stilmittel/Bild	Wirkungsabsicht
„Strom der Promenierenden" (Z. 1)	Metapher	Veranschaulichung der Fülle und Bewegung in der Fußgängerzone
„Warum mussten sie überhaupt …?" (Z. 24 f.)	rhetorische Frage	innere Unruhe; Unzufriedenheit
„dieses hin- und herdrängende Dickicht aus Armen und Beinen und Brüsten" (Z. 24 f.)	Methapher synthetische Reihung	Veranschaulichung
„ein Ausmaß an Abenteuer …, dass das Zuschauen zu einem rasch anwachsenden Unglück wurde" (Z. 27 ff.)	Alliteration, Vergleich	Verstärkung, Steigerung
„hinter den geraden Gittern der Ferienwohnung" (Z. 30)	Alliteration	Verstärkung; paradoxe Situation

3.11

Entspannung, gelöste Stimmung, Heiterkeit …

3.12

Die Kierkegaard-Lektüre steht für Helmut Halms Zurückgezogenheit, für eine gewisse Misanthropie, eine Verachtung der Menschen. Sie ist auch Symbol für seine Unnahbarkeit und Isolation.

3.13

– Harmonie zwischen den Ehepartnern → Die Ruhe zeigt keine Harmonie, sondern eher Langeweile und Routine an.
– ‚Coolness' Helmut Halms → Er ist eher unsicher als cool; auch sein Verhältnis zur Menge ist von Unsicherheit und dem Bedürfnis nach Distanz gekennzeichnet.

3.14

6. LÖSUNGEN

– Entspannung, Erholungssuche → Zwar lässt sich über den Inhalt von Entspannung und Erholung streiten, doch die „geraden Gitter der Ferienwohnung" deuten keine Spur von Entspannung an.
– Offenheit → Bildung ist nicht automatisch mit Offenheit gleichzusetzen; Helmut Halm zieht sich vollkommen in sich selbst zurück.

3.16 „in dem Augenblick", „raste", „riesiger", „schrie", „rief" → Aufregung, Bewegung, Bedrohung

3.17 Gegensatz zur Kraft und Initiativlosigkeit Helmut Halms; Größe der Aufgabe, die Klaus Buch zu bewältigen hat.

3.18 Eigenwilligkeit, Durchsetzungsfähigkeit, Willensstärke, Initiative

3.19

Klaus Buch	Helmut Halm
schreit den Hund an	steht abseits, beruhigt den Hund
wirft Hel seine Jacke zu	drückt mit den anderen Klaus seine Bewunderung aus
rennt dem Pferd nach	durchschaut den Schein-Charakter von Klaus' lässiger Überlegenheit
greift die Mähne, sitzt auf	
lacht, wiegelt ab	
stellt die Tat in einen Zusammenhang („Meran")	
rennt mit nacktem Oberkörper los, das Auto zu holen	

- Harmlosigkeit des Pferdes: „Das ist ein Braver."
- Er lässt sich bewundern, erklärt, dass er gegen den Willen Helenes schon einmal ein Pferd eingefangen hat, gibt sich erfahrener als der Bauer.
- Klaus gibt weitschweifige Erklärungen, die seine Erfahrung vorspiegeln sollen; sein nackter Oberkörper wirkt maskulin und ‚cool'. (Dagegen Helmut, der denkt, man sehe, wenn er etwas Leichtes trage, nur seinen Bauch.)
- Helmut durchschaut Klaus' Verhalten bzw. das, was er aus der Tat macht.

3.20 Er bleibt passiv, doch durchschaut er das Auftreten von Klaus als maskenhaft.

6. LÖSUNGEN

3.21
„Klaus machte schöne große Bewegungen und redete in festen Sätzen."
→ Demonstrationscharakter
„Klaus sagte zu Hel – diesmal fröhlich, übermütig, parodistisch –: Du magst mich nicht mehr, gell." → aufgesetzt, Bestätigung und Anerkennung erheischend

3.22
– Klaus selbst ist das „fliehende Pferd", er läuft vor etwas weg.
– Er hält keine direkte Konfrontation mit einem Menschen oder einem Problem aus.
– Impulsivität, Unbedachtheit
– Freiheitswunsch bei dem Gefühl tatsächlicher Unfreiheit
– Nicht durch Argumente zu überzeugen

Der Titel der Novelle bezieht sich zu einem wesentlichen Teil auf Klaus Buch. Dieser beschreibt die Situation des fliehenden Pferdes so gut, weil er sie vermutlich von sich selbst kennt. Sein aufgesetztes Verhalten, seine Maske zeigt an, dass er vor irgendetwas ‚flieht'. Einer direkten Konfrontation weicht er aus, daher hat es keinen Zweck, von vorne auf ihn zuzugehen oder mit ihm zu reden; Argumenten ist er nicht zugänglich. Sich seiner eigenen Unfreiheit und seiner Grenzen bewusst, braucht er wenigstens das Gefühl von Freiheit, und das ist es, was ihn so handeln lässt.

3.23

Detailgenauigkeit	Lebendigkeit und Emotionalität
Z. 5 f.: Beschreibung des Pferdes	Z. 1–8: durch die Wortwahl vermittelter Eindruck von Bewegung und Aufregung
Z. 33–41: Klaus' lange Erklärung	Z. 25: schwitzen, rennen
	Z. 32: Bewunderung
	Z. 41 f.: Helmut stimmt Klaus überschwänglich zu

6. LÖSUNGEN

Steigerung der Spannung	Elemente der Spannungslösung
Z. 6–8: allgemeine Aufregung	Z. 23: „Schon bog …"
Z. 9–13: Annäherung an das Pferd	Z. 27 f.: „Klaus lachte und sagte …"
	Z. 56: „Als man geborgen im Auto saß …"

3.24 + 3.25

Zeilen	Funktion im Aufbau, Überschrift	Darstellungsform
Z. 1–6	Einleitung (Situationsbeschreibung); Bei Unwetter auf dem See	Erzählbericht
Z. 7–20 („Feigling")	Spannungsaufbau (Konflikt an Bord); Klaus' Triumph	Erzählbericht, Figurenrede
Z. 20–25 („… los")	Steigerung; Helmuts Unbehagen	Erzählbericht
Z. 25–28 („… auf")	vorübergehendes Anhalten der Spannung; Klaus feuert Helmut an	Figurenrede
Z. 28–61 („… ab")	Höhepunkt (Klaus' ‚Ausflippen'); Helmut befördert Klaus von Bord	Erzählbericht
Z. 61–85	Spannungslösung; Wieder an Land	Innerer Monolog, Erzählbericht

3.26 + 3.27
Fachbegriffe: „Großsegel", „Cockpit", „Pinne"
Hauptsätze
Parataktischer Satzbau, kurze Sätze: Hektik und Ruckartiges der Situation
Emotionalität: „schrie", „brüllte"
Ellipsen unterstützen hier die Dramatik und das Hektische der Situation

3.28
- „rief", „lachte", „schrie", „lachte", „schrie", „brüllte", „brüllte"
- „schlug … weg", „tanzte", „rannte", „riss", „heben ab", „schlagen", „stürzte", „Toben, Knallen, Knattern"
- „zimperlich", „lächerlichen", „entsetzliche", „unmäßig", „furchtbaren", „entsetzliche", „endgültig"

3.30
Inhaltlich: Nach aller Aufregung wird es plötzlich ruhiger.
Sprachlich: Wechsel in den inneren Monolog; keine unvollständigen Sätze mehr.

Rechtfertigung für sein Handeln

– Klaus redet vergleichsweise wenig bis gar nichts, während er zuvor stets das Wort geführt hat.
– Helene redet vergleichsweise viel.
– Parataktisch, einfach aneinander gereihte Sätze; stellenweise 3. statt 2. Person in der Anrede; Wiederholungen in der Wortwahl → Stellenweise wirkt es, als ob Helene mit Klaus wie mit einem Kind redet. Die Wiederholungen können einerseits die Funktion der Selbstvergewisserung haben, andererseits können es „Füllphrasen" sein, um die Peinlichkeit der Situation (kaum ist Klaus fort, lebt Helene ihre Natur aus) zu überspielen.

Es soll souverän, gebietend wirken, tatsächlich wirkt es, im Kontrast zu Helenes Reden, hilflos und schwach.

Sie wechseln die Rollen.

These 3: Auch wenn Helmut Klaus' Verhalten als die Produktion von Schein durchschaut, verkörpert Klaus für ihn die Möglichkeit eines anderen, ‚lebendigeren' Lebens, das er sich nach außen hin vom Hals halten möchte, innerlich aber vielleicht doch anstrebt.

Es handelt sich zum weitaus überwiegenden Teil um ‚echte' Kommunikation. Floskeln finden sich zur Beschwichtigung (Z. 55) und im Zug, als beide wissen, dass ihnen das Gespräch über das Vorgefallene nur bevorsteht (Z. 75 f.).
Wiederholungen: Z. 41 und 48 f.: „Bitte" → Nachdruck; Z. 53 f.: „Rede" → Einschätzung von Helmuts Monolog; Z. 62 f.: „Meran" → Erinnerung an Klaus, die man hinter sich lassen möchte

6. LÖSUNGEN

3.37 Beide wollen sich vordergründig vom Erlebten erholen, es reflektieren, allerdings ohne sich gegenseitig zu verletzen. Sie suchen nach einem Neuanfang.

Helmut	**Sabine**
Vorschlag,	→ Einwand
Bitte	
Abwiegelung, ←	Abwiegelung
Rücksicht	→ indirekter Vorwurf
Floskel, ←	Befürchtung
Überbrückung	
Beruhigung	
Kompliment	

→ Beide gehen z. T. betont rücksichtsvoll miteinander um.

3.38
– Sie wollen nicht an Klaus Buch erinnert werden.
– Sie schaut nach vorne, er blickt zurück, was er dann mit seiner Erzählung tatsächlich tut.
– Klaus Buch gegenüber: In-Kauf-Nehmen des Todes; versuchter Totschlag; Sabine gegenüber: die Beziehung in Langeweile und Routine schleifen lassen zu haben; sich selbst gegenüber: vielleicht nicht eigentlich gelebt zu haben.

3.39 Er wird durch das Auftauchen Klaus Buchs nicht nur mit seiner Vergangenheit konfrontiert, sondern auch mit seiner Art zu leben. Er könnte ihr die Geschichte auf dem See, aber auch seine tatsächliche Befindlichkeit und seine Sicht der Beziehung erzählen.

3.40 Im Hinblick auf die kreisförmige Struktur liegt ein geschlossenes Ende vor, im Hinblick auf das weitere Schicksal der Halms ein offenes Ende.

4.1 Prinzipiell unbegrenzte Länge – weit verzweigte Handlung mit Nebenhandlungen – in Prosa abgefasst – enthält oft auch lyrische und dramatische Elemente – verschiedene Typen je nach Inhalt oder nach Erzählhaltung

6. LÖSUNGEN

4.2

nach Aussageart bzw. Wirkungsabsicht	nach Form bzw. Erzählperspektive	nach inhaltlich-stofflichen Gesichtspunkten
– didaktisch – erbaulich – satirisch – idealistisch – empfindsam	– Briefroman – Tagebuchroman – Ich-Roman – auktorialer Roman – personaler Roman	– Bildungs- und Entwicklungsroman – Liebesroman – (Anti-)Kriegsroman – sozialer Roman – historischer Roman – Abenteuerroman

4.3
- Die poetische Wirklichkeit: das, was im Roman erzählt wird
- Die Realität: die historische Wirklichkeit
- Zeitgeist, Lebensvorstellungen und soziale Verhältnisse: herrschende Vorstellungen in Geschmack, Mode, Ansichten etc.

4.4
Realität liegt der poetischen Wirklichkeit zu Grunde. Poetische Wirklichkeit spiegelt Zeitgeist wider. Zeitgeist bestimmt teilweise die historische Realität.

4.5

Historische Wirklichkeit
Bezeichnung „Rowdy"
Ausbildungssituation; Verhältnis
Ausbilder – Auszubildender
Praxis der öffentlichen Selbstkritik bei gesellschaftlichem Fehlverhalten

Poetische Wirklichkeit
Zwischenfall mit der Stahlplatte
Aufsatz-Thema

4.6
Die Leiden des jungen W. spielt in der DDR, die als „Arbeiter- und Bauernstaat" den Wert der Arbeit hoch schätzte. Damit zusammen hing die Forderung nach Disziplin und Einordnung des Einzelnen in das Kollektiv. I. d. R. war es für die Menschen in der DDR nicht schwer, eine Arbeit zu finden. Umgekehrt hatten es Menschen schwer, die sich nicht in den Produktionsprozess einordnen konnten oder wollten. Sofern es sich um junge Menschen handelte, wurden sie (ähnlich wie im Westen Deutschlands) oft als „Rowdys" bezeichnet.
Ein solcher Mensch, der sich nicht in den Arbeits- und Produktionsprozess einordnen kann, ist Edgar Wibeau …

4.7
- Arbeitsgesellschaft, d. h. hoher Stellenwert der Arbeit
- Disziplin, Gehorsam des Auszubildenden dem Ausbilder gegenüber
- Öffentliche Selbstbezichtigung bzw. Selbstkritik im Falle einer Verfehlung
- Gegen gesellschaftliche Normen

6. LÖSUNGEN

4.8 Motivation von Edgars Handlungsweise; Gesellschaftskritik

4.9 Der Dialog wird in der auktorialen Erzählsituation wiedergegeben. Im zweiten Teil erzählt Edgar in der Ich-Perspektive und kommentiert zugleich die Unterhaltung seiner Eltern.

4.10 Das Geschehen wird nicht einfach nur wiedergegeben, sondern kommentiert. Da sich die Eindrücke oft widersprechen, wird das Erzählte gebrochen, und der Leser muss sich seine Meinung bilden.

4.11 Innere Monologe der fünf Figuren

4.12 Mehrfache, verschiedenartige Sichtweisen auf die Handlung. Verschiedene Interessen, die sich mit der Handlung verbinden, werden herausgestellt.

4.13 Definition s. S. 31 und 156 f.; Wirkung: Zeitdeckung – Eindruck naturgetreuer Wiedergabe, Unmittelbarkeit; Zeitdehnung – Erhöhung der Anschaulichkeit; Zeitraffung – Dynamik

4.14 ca. 1½ Jahre; Krieg, Sieg, Rückkehr der Soldaten
Alter: 4½ Jahre, verspielt, offenbar allein

4.15 Zeitraffung: Ein längerer Zeitraum wird auf dem Umfang von einer Seite wiedergegeben.
- Tempus: **Präsens** bis Z. 34, was mit dem Kriegsgeschehen zusammenhängt → Raffung, Tempo
- Satzbau: Parataxe, Aufzählungen → Fülle der Ereignisse
- Darstellungsform: Erzählbericht
- Wortwahl: stellenweise Dominanz von Substantiven → Eindrucksfülle

4.16 Darstellung des kleinen Hanno im Widerspruch zwischen seiner Wesensart und den Zeitläuften
Beabsichtigt ist die Kontrastwirkung zwischen dem gedankenverlorenen Spiel Hannos und der Fülle der Ereignisse außerhalb der Gartenmauern.
Der Zeitraffer eignet sich besonders gut für die wirkungsvolle Darstellung des Kontrasts.

4.18 Ca. 2 Stunden auf 6 Romanseiten
- „Zehn Minuten nach sechs Uhr", „sieben Uhr", „zehn Minuten nach sieben Uhr", „Viertel vor acht", „zehn Minuten vor acht Uhr", „vier Minuten vor acht" → „Echtzeit"-Gefühl

6. LÖSUNGEN

- Insgesamt ein ausgewogenes Verhältnis, stellenweise jedoch ein Übergewicht von Verben
- Erzählbericht
- Die innere Handlung überwiegt über die äußere Handlung.

Stilistisch dominieren mittellange Sätze, gelegentlich finden sich auch kurze und lange Sätze. Da eine Vielfalt von Handlungen wiedergegeben wird, mit denen sich Hanno befasst bzw. sich vor dem Schultag drückt, finden sich viele Verben. — 4.19

Kein Frühaufsteher; Unlust, die Schule betreffend; bei kleinsten Verrichtungen hilflos; von vielen beneidet, seiner Meinung nach zu Unrecht; gute äußere Umstände — 4.20

Andeutung des Verhältnisses Hannos zur Schule; Darstellung seiner Hilf- und Initiativlosigkeit — 4.21

1) und 2) — 4.23

des im Werk wiedergegebenen Zeitraums (erzählte Zeit) – Zeitraum, den der Leser zur Lektüre benötigt (Erzählzeit) – Zeitraffung – größere Zeiträume – viele Handlungen und Charaktere – Zeitdehnung – Details – Einzelheiten — 4.24

überschwänglich, fröhlich, gefühlsbetont — 5.1

32 Personalpronomen, davon 21 Mal „ich", „mir" oder „mich"; der Schreiber spricht vor allem von sich selbst; Textart: Brief (→ Anrede) — 5.2

Ich-Erzählsituation, Übertreibungen und Hochgestimmtheit, Ausrufe und Fragen — 5.3

Freudig erregt, hoch gestimmt
Der Freund wird eigentlich nicht als Gesprächspartner verstanden; er erscheint eher als Mittel zur Selbstverständigung. — 5.4

Der persönliche Brief ist ein ‚subjektives Medium', in dem zugleich der emotionale Gehalt recht hoch ist. — 5.5

Z. 2–7, 23 f., 31 f., 57 f., 73–76. — 5.6

6. LÖSUNGEN

5.7

1) süßer Frühlingsmorgen; liebes Tal; undurchdringliche Finsternis meines Waldes; im hohen Grase am fallenden Bache; tausend mannigfaltige Gräschen; kleine Welt zwischen Halmen; Würmchen, Mückchen
2) jäher Berg; unwegsamer Wald; Hecken, die mich verletzen; Dornen, die mich zerreißen; einsamer Wald; krummgewachsener Baum
3) furchtbare nächtliche Szenen dieser menschenfeindlichen Jahreszeit; Fluss … übergetreten; all mein liebes Tal überschwemmt; wühlende Fluten … wirbeln; eine stürmende See im Sausen des Windes; schwarze Wolke; Flut

Werthers Sicht der Natur entspricht seiner Gefühlslage. Je unglücklicher er sich fühlt, desto düsterer und zerstörerischer erlebt er die Natur. Die Natur ist also ein Spiegel seiner Gefühlslage.

5.8

Wortwahl: Reichtum an Substantiven, um die Fülle der Eindrücke wiederzugeben; Reichtum an Adjektiven, die die Emotionalität anzeigen; Verniedlichungen → Zärtlichkeit, Emotionalität

Satzbau: zahlreiche Ausrufe → Emotionalität, innere Aufgewühltheit; Aufzählungen, Reihungen → Eindrucksfülle
kurze Sätze → Aufregung

Metaphorik, rhetor. Mittel: Vergleich (Z. 2 f.), Paradoxon (Z. 7 f.), Personifikation (Z. 9), Hyperbel (Z. 11), Alliteration (Z. 13), Wiederholung (Z. 15), Alliteration (Z. 19), Chiasmus (Z. 22 f.) u. a.

5.9

Die Natur ist ein Spiegel von Werthers seelischem Zustand, aber sie hat auch ihren eigenen Wert. Damit entspricht ihre Verwendung im Roman sowohl dem zentralen Stellenwert des Gefühls im Sturm und Drang als auch der wichtigen Bedeutung des Natur-Motivs selbst: Sie stellt einen Gegensatz dar zu Bändigung, Zivilisation, Konventionen und allgemein zur Stadt.

5.11

Gesprächspartner sind Werther und Albert. Das Verhältnis ist nach außen hin freundschaftlich. Innerlich ist es getrübt, da Werther in Lotte, Alberts Verlobte, unglücklich verliebt ist. Albert hat eine Anstellung als Beamter, Werther dagegen lebt nach dem Scheitern einer beruflichen Laufbahn ohne festen Lebensplan.

5.12

Die Eifersucht Werthers gegenüber Albert (vgl. 5.11), die unterschiedliche soziale Stellung der beiden, Werthers zu diesem Zeitpunkt bereits ziemlich zerrütteter Zustand

6. LÖSUNGEN

Ansichten zum Selbstmord	
Albert	**Werther**
„widervernünftig"	Andersdenkende „ohne Teilnehmung"
Schwäche	Leidenschaft
Flucht anstelle von Standhaftigkeit	freie, edle, unerwartete Tat

S. 13

Werthers Idealisierung des Selbstmordes steht im Kontext des Freiheits-Pathos und des Gefühls-Subjektivismus des Sturm und Drang. Werther stellt Größe an die Stelle von Vernunft und Selbstbestimmung an die Stelle religiöser und politisch-weltanschaulicher Bevormundung.

S. 14

Z. 14 ff.: Werther geht nicht direkt auf die Argumentation Alberts ein.
Z. 22 ff.: Widerspruch zwischen Werthers Geste und dem, was er sagt. Darüber hinaus sind die Ausnahmen (Straftaten aus innerer und äußerer Not) nicht mit dem Selbsttötungsdelikt vergleichbar.
Werther weicht ebenfalls aus, indem er Albert persönlich verletzt. (Z. 34 ff.)

S. 15

Wie vom Thema her zu verstehen, ist die Sprache, v. a. Werthers, von hoher Emotionalität und Aufgewühltheit.
Ausrufe, Fragen, z. B. Z. 14 ff. Bei Werther dienen die rhetorischen Fragen dazu, Albert von seiner Position zu überzeugen. Zugleich kann er damit pauschale Urteile und Verurteilungen aussprechen. Alberts Sprache ist dagegen nüchterner, so ist z. B. keiner seiner Redebeiträge ein Ausruf.
Ähnlich wie schon in den Briefen spielen Adjektive eine große Rolle.

S. 16

***Werther:* Romanschluss**
– Selbstmord Werthers durch Erschießen
– Tat sitzend vollbracht, schmerzhaftes Sich-Winden um den Stuhl
– langsamer Tod
– Bestürzung Alberts, Lottes Entsetzen lebensgefährlich
– Begräbnis im kleinsten Kreise, ohne geistlichen Beistand
→ insgesamt eine abschreckende, keine idealisierende Darstellung des Todes Werthers

S. 18

Mit dem Tod Werthers wird die Handlung abgeschlossen.

6. LÖSUNGEN

S.19 Stimmung: Trauer, Erschütterung; Erzählsituation: auktorial; Darstellungsform: Erzählbericht; Sprache: kurze Sätze, parataktischer Satzbau, vergleichsweise Adjektiv-Armut → Nüchternheit, scheinbare Unbeteiligtheit des Erzählers, Unterstützung der grausamen Darstellung des Todes

S.21 Inhalt: große Detailgenauigkeit, Vermittlung eines angenehmen Eindrucks
Sprache: lange, verschachtelte Sätze; Häufung von Adjektiven und Substantiven

S.22
„heller Sonnenschein" (Z. 2)	→ unbeschwertes Glück
„mittagsstille Dorfstraße" (Z. 3)	→ Ruhe, Abgeschiedenheit
„rechtwinklig" (Z. 4)	→ Ordnung, geordnete Verhältnisse
„Sonnenuhr" inmitten des „Rondells" (Z. 6 f.)	→ heiter, ausgewogen
„ein einen kleinen Ziergarten umschließendes Hufeisen" (Z. 13 f.)	→ Glück
„Schaukel" (Z. 15)	→ kindliche Unbeschwertheit
„ein paar offene, von wildem Wein umrankte Fenster" (Z. 26)	→ Offenheit, Abenteuerlust

S.23 Kirchhofsmauer mit eisernem Tor; Schaukel steht schief, hängt an Stricken

S.24 Adjektive und adverbiale Bestimmungen; Substantive; komplexe Syntax

S.25
Herrenhaus	→ Wohlstand der Familie, Gutsbesitz
schon seit Kurfürst Georg Wilhelm	→ Tradition, Preußen
Kirchturm im Hintergrund	→ Tradition

S.27 Bsp.: Innstetten lässt Wüllersdorf zu sich bitten, konfrontiert ihn mit seinem Anliegen, dass Wüllersdorf eine Forderung überbringen und ihm beim Duell sekundieren solle, und zeigt ihm Crampas' Briefe an Effi. Wüllersdorf äußert sein Bedauern, gibt aber gleichzeitig zu bedenken, dass es sich möglicherweise um einen Verjährungsfall handelt. Innstetten verneint das, obwohl er im gleichen Atemzug zugibt, kein Rachebedürfnis zu empfinden, sondern eigentlich sogar zum Verzeihen zu tendieren. Zugleich sagt er, dass das Duell seine Pflicht der Gesellschaft gegenüber sei und dass er nun, da Wüllersdorf Mitwisser sei, erst recht nicht mehr zurück könne.

S.28 Duelle, Rache; Anspruch und Geltung gesellschaftlicher Konventionen

6. LÖSUNGEN

Z. 1–12:   Höfliche Begrüßung, direkte Äußerung des Anliegens
Z. 13–18:   Generelle Zweifel, Nachfrage
Z. 19–24:   Erklärung
Z. 25–27:   Nachfrage, Zweifel
Z. 27–37:   Verjährungstheorie
Z. 38–49:   Hinterfragen: Duell wirklich zwingend?
Z. 50–59:   Eingeständnis: keine Rachegefühle
Z. 60–65:   Frage nach dem Sinn des Duells
Z. 66–87:   Zwang
Z. 88:   Zweifel
Z. 89–101:   Zwang durch Mitwisserschaft Wüllersdorfs
Z. 102–104: Versuch der Entkräftung
Z. 105–121: Bekräftigung: Innstettens Ehre vor Wüllersdorf als Argument
Z. 122–129: Zustimmung Wüllersdorfs

S.29

– Ausgewogen
– Sie gehen aufeinander ein.
– Bitte zum Überbringen der Forderung und zum Sekundieren, Begründung, Gegenargumente, Argumente dafür, Schluss
– Er geht höflich darauf ein und hinterfragt sie, stellt sie aber nie generell in Frage.

S.30

– Überraschungseffekt, spontane Zustimmung Wüllersdorfs
– Generelle Vorbehalte gegen Duell-Praxis
– Z. 15 f., 42 f., 45, 65 f.: Wüllersdorf widerspricht nicht offen, stellt aber Innstettens Ansicht in Frage, zwingt ihn durch Fragen, selbst Position zu beziehen, äußert seine Skepsis, lehnt aber nicht offen ab.
– Innstetten zögert mit Antworten und widerspricht sich stellenweise selbst.
– Verjährung, Rachbedürfnis, Sinn und Geltung von Konventionen

S.31

– Nachvollziehbar: Spräche sich die Affäre herum, wäre Innstettens Ruf in der Gesellschaft ruiniert.
– Übertrieben, möglicherweise auch nur ein Vorwand: Wenn er Wüllersdorf wirklich vertraut, kann er ihm dieses Geheimnis überlassen. Die Angst, zum Gegenstand von Wüllersdorfs Teilnahme zu werden, erscheint – zumindest aus heutiger Sicht – übertrieben.

S.32

Eine Mischung aus Einsicht und Bequemlichkeit: Einsicht in die Gültigkeit des ungeschriebenen Gesetzes und in die Unbeugsamkeit des Willens Innstettens; Bequemlichkeit, denn er hätte vielleicht auch anders handeln können.

S.33

6. LÖSUNGEN

S. 35

Gesten, Vertraulichkeit, Offenheit
Z. 14 f.: „Wir sind doch schon über die Jahre hinweg": Jovialität
Z. 42 ff.: persönliche Fragen, gefühlsbetonte Sprache
Z. 61 ff.: gefühlsbetonte Sprache
Der Unterschied zu einem Gespräch zwischen engen Freunden besteht in formalen Gesten, einer gewissen, offiziell wirkenden Verbindlichkeit und der Höflichkeitsform „Sie" in der Anrede.

S. 37

1. Überreiche, direkte und indirekte Charakteristik → Personen, v. a. die Heldin im Mittelpunkt
2. Kontrastfiguren → zeigen beide Seiten des Sachverhalts und tragen so zur Differenzierung bei
3. Bedeutung der Gespräche → Reflexion der Vorgänge
4. Große Fülle an Personen → sowohl Hilfe in Bezug auf die Hauptfigur als auch eigenständige Personen

S. 38

Mangel an „Handlung", an äußerem Geschehen und Dramatik

S. 39

Nebenfiguren. Klärung der verstandesmäßigen Ansprüche, d. h. der Fragen, die sich aus dem Fortlauf der Handlung ergeben.

S. 40

• indirekte Mitteilung	→ Ehebruch wird nicht direkt erwähnt
• Kontrastfiguren	→ Crampas – Gieshübler; v. Briest – Altadlige Kessin
• Nebenfiguren durch Stichwort gekennzeichnet	→ „Es ist ein weites Feld."
• indirekte Hinweise	→ Vorausdeutungen in Beschreibung oder direkter Rede
• Reflexion der Handlung in Dialogen	→ Duell-Gespräch

S. 41

Der Roman ist v. a. psychologischer Natur, d. h. er ist bemüht, die Hintergründe für das Handeln der Personen aufzudecken. Das bedingt einerseits eine gewisse Handlungsarmut, die auch den Nebeneffekt hat, dass auf äußere Effekte verzichtet wird. Dagegen verwendet Fontane seine Kunst darauf, die Persönlichkeit seiner Figuren offen zu legen. Das tut er mit verschiedenen Mitteln: indirekte Andeutungen, Reflexion der Handlung in Dialogen, viele Nebenfiguren, die oft als Kontrastfiguren angelegt sind. Gelobt wird der hohe künstlerische Gehalt des Romans, der laut Pniower nur vom Geist Fontanes übertroffen wird, der hinter dem Werk steht, einem „melancholischen Optimismus", der der Welt, wie sie ist, die Harmonie der Seele entgegenstellt.

In den wesentlichen Punkten kann Pniower zugestimmt werden. Die Handlungsarmut, von Pniower auch gar nicht unbedingt als Nachteil gesehen, wird erwähnt, doch scheint sie als von Fontane durchaus beabsichtigt.

Allein, hilflos, schreckhaft, mit der Vergangenheit beschäftigt, von den Eindrücken überfordert; kein Anzeichen der Erleichterung, dass er das Gefängnis verlässt

Franz Biberkopf
– nach vier Jahren Haft aus dem Gefängnis entlassen
– keine Anzeichen von Freude bei Entlassung, statt dessen
– Angstgefühle und Schmerz
– appelliert an sich selbst, sich zusammenzureißen
– hat das Gefühl, nicht in die Stadt fahren zu können
– empfindet Selbstmitleid, bemüht sich aber, dagegen anzukämpfen
– erlebt die Stadt als Überfülle von Eindrücken, verwirrend, unpersönlich
– weicht direkten Konfrontationen aus, muss sich immer wieder zur Wahrnehmung zwingen
– lässt sich durch die Stadt treiben

Während der Held im Bildungs- und Entwicklungsroman Herausforderungen und Hindernisse aktiv angeht, um an ihrer Bewältigung zu wachsen und zu reifen, verhält es sich bei Franz Biberkopf genau umgekehrt. Er weicht Herausforderungen und Hindernissen, so lange es geht, aus, lässt sich treiben und verfolgt lediglich das Ziel, nicht unterzugehen.
Mögliche Gründe dafür liegen einerseits in seiner proletarischen Herkunft (→ Dialekt), andererseits in der hinter ihm liegenden Haftstrafe, die ihn der Gesellschaft und dem öffentlichen Leben entfremdet hat.

– Innerer Monolog: Gegenstand ist Franz' Hilflosigkeit
– Wahrnehmung der Stadt als unpersönliches und übermächtiges Gegenüber
– Franz' Passivität

6. LÖSUNGEN

S. 49 — Verarbeitung der Sinneseindrücke; Appell, Selbstvergewisserung; Ausdruck seiner Isolation und Hilflosigkeit

S. 50 — Personale Erzählsituation, gemischt mit Ich-Erzählsituation → äußerlich ‚objektive' Darstellung, gemischt mit subjektiver Sinneswahrnehmung; Wechselspiel aus Erzählbereicht/Erzählerkommentar und eigener Wahrnehmung der Romanfigur; wechselseitige Brechung des Erzählten

S. 51 — Dialekt → einfaches Milieu
Parataxe, Aufzählungen, Substantivhäufungen → Eindrucksfülle

S. 52 — Schlagzeilen, Aufzählungen (Z. 31), Bedrohung (Z. 34), Lebendigkeit und Leblosigkeit zugleich (Z. 24), Unpersönlichkeit („es", „das"), Personifikationen (Z. 64): lebendiger, übermächtiger, bedrohlicher Eindruck

S. 53 — 2) und 3)

S. 54 — Mythos – Medizin – Jargon – Umgangssprache – naturwissenschaftliche (physikalische) Fachsprache

S. 55
– Umgangssprachlich, vereinfachte Darstellung, Reduktion auf die Handlung
– Die Darstellung des Mythos unterbricht die Erinnerung an die Straftat Franz'.
– Parallelen und Unterschiede zwischen dem antiken Mythos und Franz' Geschichte werden aufgezeigt. Das Gegenwartsgeschehen wird durch den Mythos kommentiert. Die Zeiten haben sich geändert, und es zeigt sich, dass Franz kein schlechtes Gewissen haben muss.
– Gemeinsamkeit: Totschlag
– Unterschiede: Orest durch die Rachegöttinnen gehetzt, Franz nicht

S. 56 — Medizinische Fachsprache, anatomische Genauigkeit, Sachlichkeit sollen u. U. die Schockwirkungen erhöhen.

S. 57 — Es wird sachlich-ironisch erzählt, was in einem deutlichen Widerspruch zum Erzählgegenstand steht:
– Beschreibung des „Sahnenschlägers"
– „animierte kolossal", „dazu noch aus anderen Gründen erregt"
– Z. 41; Bezeichnung der brutal misshandelten Ida als „Partnerin des Gesprächs",
– Z. 45 f. und viele andere Stellen
→ Der Kontrast steigert die Darstellung der Brutalität des Geschehens.

Orest	Franz Biberkopf
– Königssohn in der Antike	– Arbeiter und Kleinkrimineller im Berlin der 20er Jahre
– rächt den Mord der Mutter und ihres Geliebten am Vater Agamemnon	– tötet aus Eifersucht, Jähzorn und Hilflosigkeit
– Auftrag zur Rache	– kein Auftrag irgendwelcher Art
– Rachehandlung als langer Prozess, nicht spontan	– handelt spontan und unüberlegt
– wird seinerseits von den Rachegöttinnen (Erinnyen) verfolgt	– wird nicht von einem schlechten Gewissen geplagt
– irrt durch viele Länder	– irrt durch die Stadt, allerdings nicht als von Rachegöttinnen Gejagter, sondern plan- und ziellos
– stellt sich dem Gericht, gesteht den Mord, hält sich aber durch seine Leiden für entschuldigt	– kein schlechtes Gewissen, keine Entschuldigung; hält seine Tat mit seiner Strafe für gesühnt
– Gericht nimmt Entschuldigung an, einige Erinnyen aber nicht	
– raubt schließlich mit Hilfe Iphigenies die Artemis-Statue und ist dadurch frei	
→ Mythos: • tragische, unvermeidbare Verstrickung in Schuld • Unentrinnbarkeit des Schicksals • göttergelenkt	→ „zeitgenössischer" Mythos: • Schuld ohne Tragik; kein Ringen um Schuld und Erlösung von der Schuld • Anonymität und Sinnlosigkeit des Schicksals • Lenkung des Schicksals durch blinden Zufall oder wirtschaftliche und soziale Bedingungen

Der „moderne Mythos" zeigt das Verschwinden echter Tragik aus dem modernen Alltag. An die Stelle der Götter ist die moderne Industriegesellschaft getreten, an die Stelle des tragischen Helden der Einzelne als Bestandteil einer anonymen Masse. Das Götterurteil wird ersetzt durch undurchschaubare wirtschaftliche und gesellschaftliche Verhältnisse, denen der Einzelne ausgeliefert ist. Insgesamt zeigt der „moderne Mythos" das Verschwinden des Gefühls, dass das menschliche Schicksal gelenkt ist, und des Geheimnisses dieser Lenkung an.

7. Die Grundbegriffe der Epik

Akkumulation
(lat. „Anhäufung")
Anhäufung von Worten, dadurch größerer Nachdruck auf der Aussage

Allegorie
(gr. „bildliche Redeweise")
bildhaft-konkrete Darstellung von etwas Abstraktem, Allegorie *ist* das, was sie meint (Unterschied zum → Symbol)

Alliteration (Stabreim)
(aus lat. „hinzu + Buchstabe")
gleicher Anlaut der Konsonanten der Stammsilbe

Anapher
(gr. „Rückbeziehung")
Wiederholung desselben Wortes oder derselben Wortgruppe am Anfang von aufeinander folgenden Sätzen oder Satzgliedern

Anekdote
(griech. „das Nicht-Herausgegebene")
knappe, meist heitere Erzählung, die das Typische einer berühmten Person, einer Zeit oder Gesellschaft schlaglichtartig beleuchtet

Anrede
Formulierung, die sich direkt oder indirekt an Leser wendet

Anspielung
halb versteckte Andeutung

Antiheld
im Gegensatz zum Helden zeigt der Antiheld keinerlei heroische Züge, er ist passiv, schwach, Opfer der Umwelt (z. B. Woyzeck in Büchners gleichnamigem Drama)

Antithetik
(aus lat. „gegen + Behauptung")
Gegenüberstellung von Begriffen oder Inhalten

apodiktische Aussagen
(gr. „Nachweis, Beweis")
keinen Widerspruch duldende Aussagen

Aphorismus
(griech. „das Abgegrenzte")
kurzer, prägnanter Merksatz, der einen wichtigen Gedanken enthält

Archaismus
(gr. „altertümlich")
Benutzung altertümlicher Wörter

Assonanz
(frz. „Anklang")
Halbreim durch Gleichklang der Vokale

Asyndeton
(gr. „unverbunden")
Reihung von Sätzen, Satzgliedern oder Wörtern ohne Konjunktion

Aufzählungen
Häufung von Begriffen oder Ausdrücken
(→ Trias)

auktorialer Erzähler → Erzählsituation

Ausruf
Ausrufungssatz

Außensicht
Beschreibung des Wahrnehmbaren aus personaler oder auktorialer Erzählperspektive → Erzählhaltung

Bericht
im epischen Werk: kurzer Abriss des Geschehens, dient der → Zeitraffung

Bewusstseinsstrom (stream of consciousness)
assoziative, teilweise als ungeordnet erscheinende Aneinanderreihung der Gedanken, Erinnerungen, Empfindungen, Wahrnehmungen und Reaktionen einer Figur (in *Ulysses* von James Joyce z. B. durch Verzicht auf jegliche Satzzeichen deutlich gemacht). Erzähltechnik des Bewusstseinsstromes: → innerer Monolog

7. DIE GRUNDBEGRIFFE DER EPIK

Bild
sprachliche Form des anschaulichen, aber uneigentlichen Sprechens, d. h. der sprachliche Ausdruck meint nicht das Bild, sondern etwas anderes. Beispiel: „Hektor ist stark wie ein Löwe." Das sprachliche Bild kann verschiedene Formen haben, z. B. → Allegorie, → Metapher, → Personifizierung, → Symbol, → Synekdoche, → Vergleich

Bildebene
Textinhalt einer → Fabel oder → Parabel, der einer → Sachebene zugeordnet werden muss

Binnenerzählung
Erzählung innerhalb einer Rahmenerzählung (z. B. Boccaccio, *Dekameron*)

Briefroman
Romanform, die fast ausschließlich aus den (fingierten) Briefen einer oder mehrerer Personen besteht

Charakterisierung
Beschreibung einer Person
direkte Charakterisierung: durch den Erzähler oder andere Figuren des Werkes
indirekte Charakterisierung: durch den Leser (Grundlage: Verhaltensweisen, Kleidung, Aussehen, Gespräche)

Chiasmus
(Name von Gestalt des gr. Buchstaben Χ)
Überkreuzung von Satzgliedern oder Wortgruppen, die sich inhaltlich oder formal entsprechen

Dialog
(griech. „die Unterredung")
Wechselrede zwischen zwei Personen

Diminutiv
(lat. „Verkleinerung")
Verkleinerungsform eines Nomens durch Anhängung von *-chen* oder *-lein*

Dingsymbol
(gr. „Kennzeichen, Merkmal")
Gegenstand mit übertragener Bedeutung und Leitmotivcharakter
(→ Symbol)

7. DIE GRUNDBEGRIFFE DER EPIK

Drama

(gr. „Handlung")
neben → Lyrik und → Epik eine der drei literarischen Großformen; wird bestimmt durch Darstellung einer meist in sich geschlossenen (geschlossenes Drama, Gegensatz: offenes Drama) und sich auf → Monolog und → Dialog stützenden Handlung, die auf einer Bühne szenisch präsentiert wird;
Handlungsstruktur zumeist bestimmt von: Exposition, Peripetie, Katastrophe; für 5-aktiges Zieldrama gilt auch das Schema Gustav Freytags: Exposition (1. Akt), Steigerung durch erregende Momente (2. Akt), Höhepunkt/Peripetie (3. Akt), retardierende Spannungsmomente (4. Akt), Katastrophe (5. Akt);
Einteilung nach Dramenform in z. B. Tragödie, Komödie, Tragikomödie, episches Theater, Dokumentartheater, Lustspiel, Schauspiel
Einteilung nach Weltanschauung in z. B. idealistisches Drama, absurdes Drama
Einteilung nach Epoche in z. B. klassisches Drama, naturalistisches Drama
Einteilung nach Aufbau in z. B. analytisches Drama, Zieldrama
Einteilung nach sozialem Stand z. B. in bürgerliches Trauerspiel, soziales Drama

Ellipse

(gr. „Auslassung")
Auslassung eines Wortes/Satzgliedes in einem Satz

Epik

(griech. „zum Epos gehörig")
im Unterschied zur Lyrik und zum Drama erzählende Dichtung: z. B. → Fabel, → Parabel, → Novelle, → Anekdote, Witz, → Roman, → Kurzgeschichte

epische Breite

weit ausholende Erzählweise, die bei Einzelheiten verharrt und häufig abschweift

epische Großform

Roman, Epos

erlebte Rede
Form zwischen direkter und indirekter Rede, verdeutlicht innere Vorgänge aus der Perspektive der Figur in der 3. Pers. Präteritum
Beispiel: Er sagte: „Ich will jetzt ins Haus gehen." (direkte Rede)
Er sagte, dass er ins Haus gehen wolle. (indirekte Rede)
Er wollte jetzt ins Haus gehen. (erlebte Rede)

Erzähler
Vermittlungsinstanz zwischen dem fiktionalen Geschehen und dem Leser

Erzählgegenwart
zeitlicher Ort des Erzählers (im Gegensatz zum zeitlichen Ort des Erzählten)

Erzählsituation
Weise, wie ein Erzähler dem Leser den Text vermittelt
– allwissender (auktorialer) Erzähler: Er kennt das gesamte Geschehen, mischt sich durch Erläuterungen, Kommentare, Wertungen ein und spricht den Leser direkt an; der auktoriale Erzähler ist genauso wie die Figuren eine vom Autor geschaffene Gestalt
– Ich-Erzähler: Er ist mit einer Figur des Textes identisch und gehört damit zur fiktiven Welt des epischen Textes
– personaler oder Er-Erzähler: Der Erzähler tritt vollständig zurück und erzählt aus dem eingeschränkten Blickwinkel einer Person

Erzählperspektive
Blickpunkt, von dem aus der Erzähler auf das Geschehen schaut

Erzählschritte
Entwicklung und Darstellung des Geschehens; beim Geschehen kann man zwischen dem äußeren („sichtbare" Handlung) und dem inneren Geschehen (Gedanken, Gefühle, Ängste) unterscheiden

erzählte Zeit
Zeit, in der sich die Handlung abspielt

Erzählzeit
durchschnittliche Zeit, die ein Leser zur Lektüre braucht

Euphemismus
(gr. „Worte von guter Vorbedeutung sprechen")
positive Umschreibung negativer Sachverhalte, dadurch Verschleierung der Realität, Beschwichtigung

Exposition
(lat. „Darlegung")
meist zu Beginn stattfindende Einführung in Ort, Zeit, Personen, Ausgangssituation zur Klärung der Voraussetzungen der Handlung

Fabel
(lat. „Erzählung")
1. literarische Gattung (episch, lyrisch), in der Tiere menschliche Eigenschaften verkörpern, meist mit Lehre, die erzieherischen oder satirischen Effekt erzielen soll
2. Kern („plot") einer epischen oder dramatischen Handlung

Farbsymbol
(Farbe + gr. „Kennzeichen", „Merkmal")
Konkrete Zeichen, in diesem Falle Farben, die auf abstrakten Inhalt hindeuten. Beispiele für Farbsymbole und ihre gängigen Bedeutungen:
– braun: Farbe des Bodens, mütterliche Farbe, im Mittelalter Symbol der Demut; auch als Farbe der Nationalsozialisten
– blau: Farbe der Unendlichkeit, Sehnsucht, Treue und Verlässlichkeit, auch als Trauerfarbe und Farbe des Bösen
– gelb: Fruchtbarkeit, Sinnlichkeit, auch negativ als Farbe der Ausgestoßenen, Farbe des Neides
– grün: Farbe der Hoffnung, des aufbrechenden Lebens, der Liebe, auch negativ als Farbe des Todes
– weiß: Farbe der Reinheit, der Unschuld, auch als Farbe der Trauer
– rot: Farbe des Lebens, der Liebe, auch für Kampf, Gefahr, Blut; in der Bibel auch für Sünde
– violett: Treue, auch Buße
– schwarz: Farbe des Unglücks, der Trauer, des Bösen

Gattung
Bezeichnung für die „Naturformen der Poesie" (Goethe), → Lyrik, → Drama, → Epik, die sich auch gegenseitig durchdringen können; der Begriff „Gattung" wurde in neuerer Zeit durch „Textsorte" ersetzt

Gleichnis
Erweiterter Vergleich, bei dem ein → „tertium comparationis" – ein Vergleichspunkt – die Verbindung zwischen Bild- und Sachhälfte herstellt

Groteske
Verbindung von Unvereinbarem, dadurch Erheiterung, Wecken von Interesse, eventuell auch Entsetzen

Handlung
(oder Geschehen)
innere Handlung: spielt sich im Innenbereich (Gedanken, Gefühle) der Figuren ab
äußere Handlung: spielt sich im wahrnehmbaren Bereich ab

Held
wertfreie Bezeichnung für die Hauptfigur eines Werkes

Hendiadyoin
(gr. „eins durch zwei")
Ausdruck eines Sachverhaltes durch zwei gleichbedeutende Substantive oder Verben, die mit „und" verbunden sind

Hochwertwörter (auch religiöse Sprache)
Verwendung von Wörtern mit hohem moralischen oder religiösen Anspruch

Humor
(lat. „Feuchtigkeit")
Haltung, die auch noch in widrigen Lebensumständen versöhnlich gestimmt ist und das Liebenswerte in der Unzulänglichkeit zu erkennen sucht; Gegensatz zum versöhnlichen Humor ist der „schwarze" Humor mit zynisch-pessimistischer Konfrontation

Hyperbel
(gr. „Übermaß")
Übertreibung

Hypotaxe
(gr. „Unterordnung")
Fügung aus Haupt- und Nebensatz

Ich-Erzähler → Erzählsituation

Ideologiesprache
(gr. „Lehre von den Ideen")
Begriffe, die von einer politischen Weltanschauung bestimmt sind

Innensicht
auktorialer oder personaler Erzähler beschreibt, was nicht von außen wahrnehmbar ist, er kommentiert und deutet

7. DIE GRUNDBEGRIFFE DER EPIK

innerer Monolog
Gedanken einer Figur in der 1. Person Sg. Präsens

Inversion
(lat. „Umkehrung")
Umkehr der gewöhnlichen Wortfolge, meist Subjekt nach Prädikat, Herausstellung bedeutungstragender Worte, Erhöhung der Eindringlichkeit

Ironie
(gr. „Verstellung", „Vorwand")
Behauptung, die das Gegenteil von dem meint, was sie ausdrückt; bewirkt Distanzierung des Autors (subjektive Ironie in der romantischen Ironie als Durchbrechung des romantischen Ideals, bei Thomas Mann als Distanzierung von erzählter Welt, objektive Ironie in der tragischen Ironie als Steigerung des tragischen Effekts, z. B. in Sophokles *Ödipus*)

Kleinformen
→ Novelle, → Kurzgeschichte, → Märchen, → Parabel, → Fabel, → Anekdote

Klimax
(gr. „Leiter")
steigernde Aufzählung vom schwächeren zum stärkeren Begriff (Gegenteil: Antiklimax)

Komik
(gr. „Umzug")
Effekt, der sich als Lächeln, Lachen oder Spott äußert und der auf dem Widerspruch zwischen angestrebtem und tatsächlichem Sinn, zwischen Schein und Sein beruht

Kurzgeschichte
nach Vorbild der amerikanischen „short story" eine Erzählung mit unmittelbarem Anfang (Einblendung), reduziertem Personal, straffer und linearer Erzählweise und meist offenem, deutungslosem Schluss; verwandt mit → Novelle und → Anekdote; Stoffe aus der Alltagswirklichkeit

Lautmalerei
Nachahmung von Lauten mit Hilfe der zur Verfügung stehenden Wörter

Leitmotiv
Gegenstand, Situation oder Formulierung, die durch Wiederholung der Charakterisierung bzw. als Strukturhilfe dienen

Litotes
(gr. „Einfachheit")
Verneinung des Gegenteils

Lyrik
optisch in Verse gegliederter Text, z. B als Liebesgedicht, Erlebnislyrik, Gedankenlyrik, Ballade, Song

Märchen
(mhd. „Kunde", „Nachricht")
epische Form, thematisiert allgemein menschliche Konflikte in einer vom herkömmlichen Verständnis von Raum, Zeit und Kausalität losgelösten Wirklichkeit, häufig mit erzieherischem Impetus

Metapher
(gr. „Übertragung")
bildhafter Ausdruck, bildhafte Unterstützung der Aussage, Verstärkung der Suggestion im Dienste von Aufwertung oder Abwertung

Metonymie
(aus gr. „einen anderen Namen bekommen")
Umbenennung, indem verwandte Begriffe vertauscht werden

Monolog
(aus griech. „allein" und „Rede")
Selbstgespräch einer Person, auch als → innerer Monolog, siehe auch → Briefroman, → Ich-Erzählhaltung;
kann verschiedene Funktionen übernehmen, z. B. als
epischer Monolog: Beschreibung nicht dargestellter oder darstellbarer Sachverhalte
Reflexionsmonolog: Kommentar der Figur
Konfliktmonolog: Verdeutlichung des inneren Entscheidungskonfliktes

Montage
(frz. „Zusammenstellung, Aufbau")
Ausdruck urspr. aus Film, nun auch auf → Lyrik, → Drama, → Epik angewandt, der die Zusammenstellung von Teilen unterschiedlicher Herkunft zu einem neuen Sinnzusammenhang meint; Ziel: Sichtbarmachung von Zusammenhängen, Anregung zum Nachdenken

Motiv
(lat. „bewegen")
Beweggrund von Handlung; in der Dichtung auch als abstraktes thematisches Grundschema

Neologismus
(aus gr. „neu" + „Wort")
Wortneuschöpfung

Nominalstil
übertriebener Gebrauch von Substantiven

Novelle
(ital. „Neuigkeit")
kürzere Vers- oder Prosaerzählung über eine „unerhörte Begebenheit" (Goethe), die nicht alltäglich, aber wahrscheinlich (Unterschied zum Märchen) ist; pointierte, auf das Wesentliche beschränkte Struktur mit Höhe- und Wendepunkt

Novellentheorie
literaturwissenschaftliche Definitionsversuche der Gattung „Novelle". Überblick (nach Herbert Krämer (Hrsg.): Theorie der Novelle. Stuttgart: Reclam, 1976):

Friedrich Schlegel (1801)	„Es ist die Novelle eine Anekdote, eine noch unbekannte Geschichte, die an und für sich schon einzeln interessieren können muss, ohne auf irgendeinen Zusammenhang zu sehen, eine Geschichte also, die streng genommen nicht zur Geschichte gehört (…). Da sie interessieren muss, so muss sie in ihrer Form etwas enthalten, was vielen merkwürdig oder lieb sein zu können verspricht."
August Wilhelm Schlegel (1803/04)	„Die Novelle bedarf entscheidender Wendepunkte, durch die die Hauptmasse der Geschichte deutlich in die Augen fällt."
Christoph Martin Wieland (1805)	„Bei einer Novelle werde vorausgesetzt, dass sie sich weder im Dschinnistan der Perser (…) noch in einem anderen idealistischen oder utopischen Lande, sondern in unserer wirklichen Welt begeben habe, und die Begebenheiten zwar nicht alltäglich sind, aber sich doch, unter denselben Umständen, alle Tage allenthalben zutragen könnten."
Johann Wolfgang von Goethe (1827)	„Wissen Sie was, wir wollen es die Novelle nennen; denn was ist eine Novelle anders als eine sich ereig-

nete unerhörte Begebenheit. Dies ist der eigentliche Begriff, und so vieles, was in Deutschland unter dem Titel Novelle geht, ist gar keine Novelle, sondern bloß Erzählung oder was Sie sonst wollen. In jenem ursprünglichen Sinne einer unerhörten Begebenheit kommt auch die Novelle in den *Wahlverwandtschaften* vor."

Ludwig Tieck (1829)

„Die Novelle stellt einen großen oder kleinen Vorfall ins hellste Licht, der – so leicht er sich ereignen kann – doch wunderbar, vielleicht einzig ist. Die Wendung der Geschichte, dieser Punkt, von welchem aus sie sich völlig unerwartet umkehrt, und doch natürlich, dem Charakter und den Umständen angemessen, die Folge entwickelt, wird sich der Fantasie des Lesers um so fester einprägen, als die Sache selbst im Wunderbaren, unter anderen Umständen wieder alltäglich sein könnte."

Paul Heyse (1871)

Paul Heyse stellt 1871 die Falkentheorie auf der Grundlage der 9. Geschichte des 5. Tages in Boccaccios Novellensammlung *Dekameron* auf: „In dieser Novelle wirbt ein Ritter vergebens um das Herz einer Edelfrau. All sein Besitz geht dahin bis auf einen Falken. Um diesen Falken zu erbitten, sucht die Dame eines Tages den Ritter auf, der jedoch, da er von ihrem Wunsch keine Ahnung hat, den Falken schlachtet und der Dame als Letztes, was er zu bieten hat, vorsetzt. Die Tat rührt die Geliebte so, dass sie den Ritter nun erhört." Das Tier spielt an dem entscheidenden Wendepunkt der Geschichte eine Rolle, die ihm etwas Spezifisches und dem Ganzen eine starke Silhouette gibt, was Heyse den „Falken" nennt. „Der Leser wird sich überall fragen, wo der Falke sei, also das Spezifische, das diese Geschichte von tausend anderen unterscheidet."

Theodor Storm (1881)

„Die heutige Novelle in ihrer besten Vollendung ist die epische Schwester des Dramas und die strengste Form der Prosadichtung. Gleich dem Drama behandelt sie die tiefsten Probleme des Menschenlebens; gleich diesem verlangt sie zu ihrer Vollendung einen im Mittelpunkt stehenden Konflikt, von welchem aus das Ganze sich organisiert, und demzufolge die geschlossenste Form und die Ausscheidung alles

Unwesentlichen; sie duldet nicht nur, sie stellt auch die höchsten Forderungen der Kunst."

Paul Ernst (1901/02) „Eine Novelle muss in ihrem Hauptpunkt etwas Unvernünftiges enthalten, etwas, wodurch sich das in ihr Erzählte als ein Besonderes und Überraschendes ausweist, wodurch es eben würdig wird, behandelt zu werden."

Oxymoron
(aus gr. „scharf" + „dumm")
Verbindung einander widersprechender Begriffe

Parabel
(gr. „Vergleichung", „Gleichnis")
gleichnishafte Erzählung mit Bild- und Sachhälfte und einem zumeist nicht ausdrücklich genannten Vergleichspunkt (→ tertium comparationis); durch Analogiebildung wird die enthaltene allgemeine sittliche Wahrheit erschlossen

Paradoxon
(gr. „Seltenheit")
Scheinwiderspruch

Parallelismen
(gr. „gleichlaufend")
Wiederholung von gleichen syntaktischen Fügungen

Parataxe
(gr. „Danebenstellen")
Aneinanderreihung von Hauptsätzen

Parenthese
(gr. „Einschub")
vollständiger Satz wird in geschlossene Satzkonstruktion eingeschoben

Parodie
(gr. „Gegengesang")
Form eines bekannten literarischen Werkes wird übernommen und mit einem neuen, meist nicht zum ursprünglichen Gehalt passenden Inhalt versehen (Gegenteil ist die Travestie, bei der der ursprüngliche Inhalt in eine veränderte Form eingepasst wird)

pars pro toto → Synekdoche

Periphrase
(aus gr. „Umschreibung")
Umschreibung eines Begriffs

personaler Erzähler → Erzählsituation

Personifizierung
(aus gr. „Person" + „machen")
Vermenschlichung

Pleonasmus
(aus gr. „Überfluss")
Zusammenstellung von Wörtern mit ähnlicher Bedeutung

Poesie
(gr. „machen")
allgemeine Bezeichnung für Dichtung; als Bezeichnung für Versdichtung steht sie im Gegensatz zur → Prosa

Pointe
(frz. „Stachel")
überraschende und effektvolle Wendung durch einen geistreichen Schlussgedanken

Polysyndeton
(aus gr. „viel + verbunden")
Verbindung einzelner Wörter oder Satzglieder mit der gleichen Konjunktion

Prolog
Vorwort des Dichters

Prosa
(lat. „geradeaus gehende Rede")
nicht durch Reim oder Metrum gebundene Redeweise, Gegensatz zur → Poesie im engeren Sinne

rhetorische Fragen
uneigentliche Fragen, die Zustimmung oder Ablehnung implizieren

Roman
(altfranz. „in der Volkssprache geschrieben")
epische Großform; Erzählgewebe aus Beschreibung, Dialog, Bericht zur entwerfenden Darstellung eines Welt- und Lebensausschnitts, in dem Kräfte von Schicksal und/oder Umwelt auf Individuum oder Kollektiv einwirken

Rückblende
Unterbrechung des kontinuierlichen Erzählflusses, um auf etwas Vergangenes zu verweisen

Sachebene
als Gegenbegriff zur → Bildebene das, was eigentlich gemeint ist; Bereich der Wirklichkeit, der auf der Bildebene verschlüsselt zum Ausdruck kommt

Satire
(lat. „Fruchtschüssel")
keine Gattung, sondern eine Haltung, die mit allen literarischen Gattungen eine Verbindung eingehen kann. Kennzeichen: spöttische Haltung, die kritisiert und dadurch eine Verbesserung der Zustände erreichen will

Sinnbild
deutsches Wort für → Symbol bzw. Emblem

Stil
(lat. „Griffel")
besondere Eigenart einer künstlerischen Darstellungs- und Ausdrucksweise

Symbol
(gr. „Kennzeichen, Merkmal")
konkretes Zeichen, das auf abstrakten Inhalt hindeutet; häufig vorkommende Gegenstände mit solchem Bezug können zum Dingsymbol werden; auch Farben können mit ihrem Symbolcharakter verwendet werden

Synästhesie
(aus gr. „zusammen" + „Wahrnehmung")
Vermischung verschiedener Sinneswahrnehmungen

Synekdoche
(gr. „Mitverstehen")
engerer Begriff steht für weiteren Begriff, ein Teil steht für das Ganze („pars pro toto").

Tautologie
(gr. „dasselbe"+ „Wort")
Ausdruck eines Sachverhaltes durch zwei sinnverwandte Wörter

tertium comparationis
(lat. „das Dritte des Vergleichs")
Vergleichspunkt, der die Analogiebildung von → Bildhälfte und → Sachhälfte bei → Fabel und → Parabel erlaubt (z. B.: „Er handelt wie ein Fuchs", tertium comparationis: „schlau")

Trias
(gr./lat. „Dreiheit")
Drei-Wort-Häufung

Umgangssprachliche Wendungen
Worte aus der gesprochenen Sprache

Verbalstil
Art des Schreibens, bei der zahlreiche bedeutungstragende Verben vorkommen

Vergleich
Verbindung zweier Bereiche mittels eines Vergleichspunkts (→ tertium comparationis), zumeist mit dem Vergleichswort *wie*

Vorausdeutung
Unterbrechung des kontinuierlichen Erzählflusses, um auf etwas Zukünftiges hinzuweisen

Wiederholung
Begriffe oder ganze Sätze werden wortgleich mehrfach verwendet

Zeitdeckung
→ Erzählzeit nahezu identisch mit → erzählter Zeit; beschriebener Vorgang dauert dieselbe Zeit wie die Lektüre; dadurch Eindruck naturgetreuer Wiedergabe, Erhöhung der Eindringlichkeit und Unmittelbarkeit (bes. bei → Bewusstseinsstrom)

Zeitdehnung
→ Erzählzeit länger als → erzählte Zeit; ein in Wirklichkeit kurzer Vorgang wird ausführlich beschrieben, dadurch Erhöhung der Anschaulichkeit

Zeitraffung
→ Erzählzeit kürzer als → erzählte Zeit; ein in Wirklichkeit lange dauernder Vorgang wird sehr kurz beschrieben, dadurch große Dynamik; geeignet, um längere Zeiträume zusammenzufassen

Zeitstruktur
zeitlicher Aufbau einer Erzählhandlung:
kontinuierlicher Aufbau: realistischer Ablauf
diskontinuierlicher Aufbau: Unterbrechung des realistischen Aufbaus durch → Vorausdeutungen und → Rückblenden
simultaner Aufbau: Geschehnisse laufen zeitlich parallel ab

Zeugma
(gr. „Fessel", „Joch")
ungewöhnliche Verbindung zweier Satzglieder, meist durch ein gemeinsames Prädikat

Zitat
wortgetreue Übernahme eines Begriffs, eines Ausdrucks oder ganzer Sätze

8. Literaturverzeichnis

Primärtexte:

Böll, Heinrich: *Die Waage der Baleks*, in: Böll, Der Bahnhof von Zimpren, München: List, 1959
Döblin, Alfred: *Berlin Alexanderplatz. Die Geschichte vom Franz Biberkopf*, München: dtv, ^{41}2001
Fontane, Theodor: *Effi Briest*, Hollfeld: Bange, 1997 (Königs Lektüren 3007)
Goethe, Johann Wolfgang von: *Die Leiden des jungen Werther*, Stuttgart: Reclam, 2001 (RUB 67)
Kleist, Heinrich von: *Das Bettelweib von Locarno*, im Projekt Gutenberg unter: http://www.gutenberg2000.de/kleist/erzaehlg/locarno.htm
Mann, Thomas: *Buddenbrooks. Verfall einer Familie*, Frankfurt a. M.: Fischer, ^{48}2000
Plenzdorf, Ulrich: *Die neuen Leiden des jungen W.*, Frankfurt a. M.: suhrkamp taschenbuch, ^{3}1976
Walser, Martin: *Ein fliehendes Pferd. Novelle*, Frankfurt a. M.: suhrkamp taschenbuch, ^{1}1980

Sekundärliteratur:

Aust, Hugo: *Novelle*, Stuttgart: Metzler, 1990
Braak, Ivo: *Poetik in Stichworten*, Paderborn ^{3}1969
Denkler, Horst (Hrsg.): *Romane und Erzählungen des bürgerlichen Realismus*, Stuttgart 1980
Ecker, Egon: *Wie interpretiere ich Novellen und Romane?* Methoden und Beispiele, Hollfeld: Bange, ^{3}1991
Harenberg Literaturlexikon. Autoren, Werke und Epochen. Gattungen und Begriff von A bis Z, Dortmund 1997
Hermes, Eberhard: *Abiturwissen. Erzählende Prosa*, Stuttgart ^{6}1994
Himmel, Hellmuth: *Geschichte der deutschen Novelle*, Bern 1963
Klein, Johannes: *Geschichte der deutschen Novelle von Goethe bis zur Gegenwart*, Wiesbaden ^{4}1960
Klotz, Volker (Hrsg.): *Zur Poetik des Romans*, Darmstadt: WBG, 1965
Krämer, Herbert (Hrsg.): *Theorie der Novelle*, Stuttgart 1976
Lämmert, Eberhard: *Bauformen des Erzählens*, Stuttgart ^{2}1967
Lexikodisc, Version 3.1, Bertelsmann Lexikon Verlag/Bertelsmann Electronic Publishing, Gütersloh/München 1996
Martini, Fritz: *Deutsche Literatur im bürgerlichen Realismus 1848–1898*, Stuttgart ^{2}1964

8. LITERATURVERZEICHNIS

Nordmann Elmar: *Martin Walser: Ein fliehendes Pferd*, Hollfeld: Bange, ⁵1999 (= Königs Erläuterungen und Materialien Bd. 376)

Rinsum, Annermarie und Wolfgang van: *Interpretationen. Romane und Erzählungen*, München ²1988

Schmitt, Rolf: *Grundwissen Deutsch*, Bamberg 1991

Stanzel, Franz K.: *Typische Formen des Romans*, Göttingen 1964

Wiese, Benno von: *Der deutsche Roman. Vom Barock bis zur Gegenwart*, 2 Bände, Düsseldorf 1963

Wiese, Benno von: *Die deutsche Novelle von Goethe bis Kafka: Interpretationen*, 2 Bände, Düsseldorf ³1967